懐かしいけど新しい

# 南部あき子のアイディア料理

鴫原正世・南部ユンクィアンしず子

北海道新聞社

# まえがきに代えて

北海道民であれば普通に食べている甘納豆入り炊き込み赤飯は、本州ではたいへん珍しいお赤飯です。

私たちは幼い頃から我が家ではお赤飯といえばいつも甘納豆入り炊き込み赤飯でした。というのもこのお赤飯を考案したのは私たちの母、南部あき子だからです。

母は四人の子どもを育てながら光塩学園を父と共に創立し、妻として母として、そしてキャリアウーマンの草分けとして大正、昭和、平成の時代を生き抜きました。その背景にはいつも家族をよろこばせたいという母の思いがこもったおいしい料理がありました。おいしくて栄養があり、短時間でできるアイディアがたくさん詰まった料理です。

光塩学園創立七十周年に当たり、母の生涯とアイディアがたくさん詰まった料理を私たち姉妹でまとめてみました。北の食卓の重宝な一冊として、お手許においていただければ望外のよろこびです。

二〇一九年三月

鳴原正世

南部ユンクィアンしず子

# もくじ

# もくじ



## この本を使う前に

大さじ１は15㎖、小さじ１は５㎖、計量カップは２００㎖で、いずれもすりきりです。お米は１合１８０㎖です。

お米は精白米、しょうゆは濃口しょうゆ、砂糖は上白糖、バターは有塩バター、スープはコンソメスープを使用しています。

# 南部あき子のアイディア料理

本書のレシピは、南部あき子の『お料理のヒント―北海道の味』（昭和三十九年　医歯薬出版）をはじめとした著書や、生前の料理講習会などのレシピをもとに編集したものです。

# 野菜料理

# 酪農鍋

## 材 料（2人分）

ベーコン…2枚
プロセスチーズ…35g
じゃがいも…2個
にんじん…20g
キャベツ…150g
たまねぎ…1/3個
　塩、こしょう…各少々
　トマトケチャップ…大さじ2
　バター…小さじ2
　牛乳…80mℓ
グリンピース…小さじ1
油…適量

## 作り方

① ベーコンは3～4cm幅に、プロセスチーズはさいの目に切る。じゃがいも、にんじんは角切り、キャベツは4～5cm角に切り、たまねぎは5mmくらいの輪切りにする。
② 厚手の鍋に油をぬり、キャベツ、にんじん、じゃがいも、たまねぎ、チーズ、ベーコンの順に重ねる。塩、こしょうをふり、トマトケチャップとバターをのせてふたをし、弱火で煮る。
③ 野菜がやわらかくなり、チーズが溶けたら牛乳をまわりから入れ、火を止めてしばらくおく。最後に熱湯に通したグリンピースを散らす。

＊りんごの薄切りを加えるとお子様向けに、
チーズを多めに入れると大人向けにもなります。

母が秋をイメージして考えました。

# いがぐり揚げ

**材 料（2 人分）**

さつまいも … 300g
バター … 大さじ 1/2
牛乳 … 大さじ 1
そうめん … 20g
小麦粉 … 適量
卵 … 1/2 個
油 … 適量

**作り方**

① さつまいもは皮をむいてゆで、マッシャーなどでつぶしてバター、牛乳を入れて 2 ㎝くらいのボール形に丸める。
② そうめんは 1 ㎝くらいに切る。
③ ①に小麦粉をまぶし、溶き卵をつけ、そうめんをまぶして油で揚げる。

# なすの赤ワイン煮

## 材料（2人分）

なす…2個
片栗粉…適量
豚ひき肉…100g
　長ねぎ…1/4本
　しょうが…10g
　酒…小さじ2
　塩…少々
　片栗粉…大さじ1
油…大さじ1
砂糖…大さじ1/2
しょうゆ…大さじ1
赤ワイン…大さじ2・1/2

## 作り方

① なすは1cmの輪切りにし、中央をくり抜いて水にさらしアクを抜く。水分をふき取り、片栗粉をまぶしておく。
② ひき肉に、①でくり抜いたなす、みじん切りした長ねぎ、しょうが、酒、塩、片栗粉を加えてよく混ぜ合わせる。
③ ①のなすに、②をきっちりと詰める。
④ フライパンに油を熱して③を並べ、中まで火を通し、砂糖、しょうゆ、赤ワインを入れて汁気がなくなるまで煮る。

# かぼちゃの南蛮みそ

## 材料（2人分）

かぼちゃ…300g
塩…適量
油…適量

南蛮みそ
- 青とうがらし…1本
- 油…少々
- みそ…大さじ2
- みりん…大さじ2
- 砂糖…大さじ2
- 塩…少々
- 水…適量

## 作り方

① かぼちゃはくし形に切り、塩を加えた水にさらし、水分をよくふき取って油で揚げる。
② 青とうがらしは小口切りにし、油を熱した鍋で炒め、みそ、みりん、砂糖、塩、水を加えて練り上げ、南蛮みそを作る。
③ 器に揚げたかぼちゃを盛り、②の南蛮みそをかける。

# 洋風いもだんご汁

## 材 料（2人分）

じゃがいも…小2個
　小麦粉…大さじ2～3
だいこん…80g
にんじん、ごぼう…各20g
しいたけ…1枚
長ねぎ…1/5本
ベーコン…40g
油…大さじ1/2
スープ…2カップ
みりん、しょうゆ…各小さじ2
塩…少々
七味とうがらし…少々

## 作り方

① じゃがいもはゆでて裏ごしをし、熱いうちに小麦粉と塩少々（分量外）を加え、よく練り、棒状にまとめ、一口大に切ってさっとゆでる。
② だいこんとにんじんはいちょう切り、ごぼうはささがき、しいたけはせん切り、長ねぎは斜め切りにし、ベーコンは2cmくらいに切る。
③ 鍋に油を熱し、ベーコンを炒め、長ねぎ以外の野菜を全部加えて炒める。
④ ③にスープを注ぎ、アクを取りながら約10分間煮て、みりん、しょうゆ、塩で味をととのえ、いもだんごを加え、少々煮て長ねぎを入れる。
⑤ 七味とうがらしをふって、熱いうちにいただく。

# ひじきの炒め煮

**材料（2人分）**

ひじき…15g
干ししいたけ…小1枚
にんじん…20g
油…小さじ1
砂糖…大さじ1・1/2
しょうゆ…大さじ1
だし汁…100mℓ
みりん…大さじ1/2

**作り方**

① ひじきと干ししいたけは水につけて戻し、水気を切る。
② にんじん、しいたけはせん切りにする。
③ 鍋に油を熱し、にんじん、ひじき、しいたけを炒め、砂糖、しょうゆを入れて、だし汁を加えてしばらく煮る。仕上げにみりんを加える。

＊小分けにして冷凍保存ができます。

# ひじきごはん

**材料（2人分）**

米…1合（180mℓ）
水…180mℓ
しょうゆ…大さじ1/2
酒…小さじ2
みりん…小さじ1
ひじきの炒め煮…80g
みつば…10g

**作り方**

① 炊飯器にといだ米と分量の水を入れ、30分置く。
② ①にしょうゆ、酒、みりんを混ぜて炊く。炊き上がったら、蒸らすときにひじきの炒め煮を入れる。
③ 刻んだみつばを混ぜて器に盛る。

# ほうれんそうのおひたし

**材料（2人分）**

ほうれんそう…1/2束
削り節…適量
だしじょうゆ
だし汁…大さじ1
しょうゆ…大さじ1

**作り方**

① ほうれんそうは青ゆでにし水気を切り、3～4㎝の長さにする。
② だし汁としょうゆを混ぜ、だしじょうゆをつくり①にかけ、削り節を天盛りにする。

## バリエーション

### ごま和え

① すりごま大さじ2、砂糖大さじ1、しょうゆ小さじ2を加えよく混ぜる。
② ほうれんそうを一口大に切り、①の衣で和える。

### すごもり風

① ほうれんそうを一口大に切り、油で炒め、塩、こしょうをし、グラタン皿に敷く。
② 生卵を中央に割り入れ、オーブントースターなどで焼く。

### 磯辺和え

① ほうれんそうを一口大に切り、しょうゆ小さじ2、みりん小さじ1で下味をつける。
② 焼きのりをちぎり、和える。

### ナムル

① ほうれんそうは一口大に切り、合わせ調味料（しょうゆ、砂糖、塩、ごま油各少々、にんにくのすりおろし）と和える。

### 煮浸し

① 鍋にだし汁1/4カップ、しょうゆ小さじ2、みりん小さじ2を入れて煮立て、油抜きして5㎜幅に切った油揚げと、3㎝に切ったほうれんそうを汁につける。

### 青菜とコーンのチーズ焼き

① ほうれんそうを一口大に切り、油で炒め、塩、こしょうし、コーンと合わせてグラタン皿に入れる。
② 好みのチーズをのせてオーブントースターなどで焼く。

ごま和え
すごもり風

# じゃがいものまりも揚げ

## 材料（2人分）

じゃがいも…100g
ひき肉…50g
　油…大さじ1/2
　塩、こしょう…各少々
小麦粉…大さじ1
卵黄…1/2個分
卵白…1/2個分
青のり…2g
油…適量
キャベツ…50g
レモン…1/3個
ウスターソース…適量
からしじょうゆ…少々

## 作り方

① じゃがいもは塩ゆでし、手早く裏ごしする。
② ひき肉を油で炒めて塩、こしょうで味をととのえ①に混ぜる。小麦粉と卵黄を加えてさらに混ぜ、ボール形に丸める。
③ ②に卵白をつけ、青のりをまぶして油で揚げる。
④ 器に盛り、キャベツのせん切りとくし形に切ったレモンを添える。ウスターソースやからしじょうゆをつけていただく。

# 山菜の信太《しのだ》巻き

**材料（２人分）**

小揚げ…２枚
ふき…１本
わらび…４～６本
笹たけのこ…２本
かんぴょう…２本

煮汁
- だし汁…１カップ
- 酒…大さじ１
- みりん…大さじ１
- しょうゆ…大さじ１
- 砂糖…大さじ１

**作り方**

① 小揚げに熱湯をかけて長方形に開く。下ゆでしたふき、わらび、笹たけのこを小揚げの短い辺に合わせて切る。
② 小揚げの上に山菜を置いてくるりと巻き、水で戻したかんぴょうで結ぶ。
③ 煮汁の中で②をゆっくりと煮含める。

札幌まつりがくると、
甘納豆のお赤飯と一緒に
我が家の食卓に並んだ
お料理です。

# 長いものあんかけ

### 材料（2人分）

長いも…80g
　だし汁…1カップ
　しょうゆ、みりん…各小さじ1
　塩…少々

ひき肉あん
　鶏ひき肉…80g
　油…少々
　しいたけ…1枚
　たけのこ…15g
　だし汁…1カップ
　みりん…大さじ1/2
　塩、しょうゆ…各少々
　水溶き片栗粉（片栗粉、水…各小さじ1）

さやえんどうの青ゆで（細切り）…2枚

### 作り方

1. 長いもは乱切りにし、だし汁、しょうゆ、みりん、塩で薄味に煮る。
2. 鍋に油を熱し、鶏ひき肉、しいたけとたけのこのみじん切りを炒め、だし汁、みりん、塩、しょうゆで味をととのえ、水溶き片栗粉でとろみをつける。
3. ①の長いもを器に盛り、上から②のひき肉あんをかけ、さやえんどうの青ゆでを散らす。

# 豆腐とザーサイのサラダ

**材料（2人分）**

木綿豆腐…1/2丁
ザーサイ（味つき）…30g
きゅうり…1/2本
長ねぎ…10cm
　白ごま…小さじ2
　ごま油…小さじ1
　しょうゆ…小さじ1/2
　こしょう…少々

**作り方**

① 木綿豆腐は水切りして、2つに切りそれぞれ器に入れる。
② ザーサイはみじん切りにし、きゅうりは5mm角に切る。長ねぎはみじん切りにする。
③ ボウルに②の材料を入れて白ごまを加え、ごま油、しょうゆ、こしょうで味をととのえ、豆腐にのせる。

＊ザーサイの代わりに、柴漬けやはりはり漬けなどを刻んで混ぜてもおいしいです。

# はくさいと豚肉の重ね蒸し

### 材料（2人分）

はくさい … 5枚
豚ばら肉 … 50g
しょうが … 少々
酒 … 大さじ1
塩 … 少々
ぽん酢 … 適量

### 作り方

① はくさいは3㎝くらいの長さ、豚肉は3㎝幅に切る。しょうがはせん切りにする。
② 鍋に豚肉を一枚ずつ並べ、その上にはくさいを並べ、しょうがをのせる。さらに豚肉、はくさいの順に重ね、塩と酒をかける。
③ 鍋のふたをして、弱火で肉に火が通るまで蒸し煮にする。
④ ぽん酢につけていただく。

# 中華風コーンスープ

### 材料（2人分）

スイートコーン
（クリームタイプ）… 70g
卵 … 小1個
湯《タン》（中華顆粒だし汁）… 300mℓ
酒 … 小さじ1
塩、こしょう … 各少々
水溶き片栗粉
（片栗粉、水 … 各小さじ1/2）
ドライパセリ … 少々

### 作り方

① 鍋に湯《タン》とスイートコーンを入れて温め、酒、塩、こしょうで味をととのえ、水溶き片栗粉でとろみをつける。

② 火を弱めて溶き卵を回し入れ、静かにかき混ぜる。

③ 器に盛り、ドライパセリを散らす。

# とうもろこしのフリッター

## 材料（2人分）

とうもろこし…1本

衣
- 卵白…1/2個分
- 水…大さじ1
- 酒…大さじ1
- 塩、こしょう…各少々
- 小麦粉…大さじ2
- 片栗粉…大さじ1

油…適量

## 作り方

① とうもろこしは実を包丁でそぎ落とす。

② ボウルに卵白を固く泡立て、水、酒、塩、こしょう、小麦粉、片栗粉を加えて混ぜ合わせる。

③ ②に①のとうもろこしを入れ、スプーンですくい熱した油の中に入れて揚げる。

# 野菜の即席洋風漬け

## 材料（2人分）

だいこん…100g
にんじん…50g
はくさい…5枚
きゅうり…1本
塩…14g（野菜重量の2%）
しょうが…30g
鷹の爪…1本
ハム…2枚
干しぶどう…大さじ2

フレンチソース
- 練りからし…小さじ1
- 酢…1/3カップ
- 塩…小さじ1
- こしょう…少々
- 油…2/3カップ

レモン…1/2個

## 作り方

1. だいこん、にんじん、はくさい、きゅうりは短冊切りにし、軽く塩をふってから水気をとっておく。
2. しょうがはせん切り、鷹の爪は種を取って小口切りにする。
3. ハムは短冊切り、干しぶどうはぬるま湯で戻しておく。
4. ボウルに練りからし、酢、塩、こしょうを混ぜ、油を少しずつ加えてフレンチソースを作り、しょうが、鷹の爪を入れ、野菜、ハム、干しぶどうを漬ける。
5. 器に盛りつけ、レモンの薄切りを添える。

オレンジの代わりに
大きめのみかんでも
できます。

# オレンジとはくさいのサラダ

## 材料（2人分）

オレンジ…2個
はくさい…1枚
たまねぎ…1/3個
きゅうり…1/2本
干しぶどう…大さじ1/2

フレンチソース
- 練りからし…小さじ1/4
- 酢…大さじ1
- 塩、こしょう…各少々
- 油…大さじ2

パセリ…少々

## 作り方

1. オレンジはカップ型に切り、果肉を取り出して薄皮をむく。はくさいはせん切り、たまねぎは薄切り、きゅうりは小口切りにして水にさらし、干しぶどうは熱湯をかけて戻す。
2. ボウルに練りからし、酢、塩、こしょうを混ぜ、油を少しずつ加えてフレンチソースを作る。
3. はくさい、たまねぎ、きゅうりはよく水切りし、食べる直前に干しぶどう、オレンジの果肉を混ぜてフレンチソースで和え、オレンジの器に盛ってパセリを飾る。

# ミックス野菜の即席ピクルス

## 材料（2人分）

きゅうり…2本
セロリ…1本
にんじん…20g

つけ汁
- 酢…2カップ
- 砂糖…50g
- 塩…小さじ1
- ロリエの葉…1枚
- 粒こしょう…少々

## 作り方

1. きゅうりとセロリは斜め切り、にんじんは薄切りにする。
2. 鍋に漬け汁の材料を入れ火にかけ、冷ます。
3. 容器に①の材料とよく冷ました漬け汁を入れ密閉し、冷蔵庫で1日以上漬ける。

# 即席栗きんとん

練りすぎると固くなるので
注意！ 少しゆるめかなと思う
くらいが丁度いいです。

**材料（2人分）**

大福インゲン甘納豆 … 150g
水 … 大さじ2
みりん … 大さじ1/2
塩 … 少々
栗の甘煮 … 4個

**作り方**

① 鍋に甘納豆と水を入れて5分ほどおき、火にかけみりん、塩を加えて、つやよく練り上げる。
② おろしぎわに栗の甘煮をまぜる。

# じゃがおやき

**材料（2人分）**

じゃがいも … 2個
ピザ用チーズ … 大さじ3
油 … 適量

**作り方**

① じゃがいもは皮をむき水につけ、手早くすりおろし、軽く水分を切ってボウルに入れる。チーズと混ぜ、形をととのえる。
② フライパンに油を薄くひいて、①を両面焼く。

## ぎょうじゃにんにくのからしみそ和え

**材料（2人分）**

ぎょうじゃにんにく … 100g
ハム … 1枚
もやし … 40g
油 … 大さじ1
塩、こしょう…各少々

からしみそ
- みそ … 大さじ1
- 練りからし … 小さじ1/2
- 砂糖 … 大さじ1
- 酒 … 大さじ1/2

**作り方**

① ぎょうじゃにんにくは青ゆでにし、水にさらしてアク抜きし、3㎝に切る。
② ハムは細切り、もやしはひげを取って油で炒め、塩、こしょうをする。
③ 材料を合わせて、からしみそを作る。
④ ①と②を混ぜ合わせ、からしみそで和える。

＊ハムの代わりに、イカや貝類などでもいいです。

## レンジで中華サラダ

**材料（2人分）**

はるさめ（乾）… 25g
にんじん … 1/8本
きゅうり … 1/2本
ハム … 1・1/2枚
砂糖 … 大さじ1
しょうゆ … 大さじ1・1/2
酢 … 大さじ1
ごま油 … 大さじ1
ミニトマト … 2個

**作り方**

① はるさめは3～4㎝に切る。にんじん、きゅうり、ハムはせん切りにする。
② 耐熱容器にはるさめ、にんじん、ぬるま湯（100㎖）を入れ、ラップをして500wの電子レンジで約1分30秒加熱する。
③ ②のラップを外して冷まし、きゅうりとハム、砂糖、しょうゆ、酢、ごま油を加えよく混ぜる。
④ 器に盛り、4等分に切ったミニトマトを飾る。

# 魚料理

# 揚げサバの甘酢あんかけ

## 材料（2人分）

サバ…2切
- 塩…少々
- 酒…大さじ1/2
- しょうゆ…大さじ1/2
- にんにく…1/2片

片栗粉…適量
揚げ油…適量

たまねぎ…1/2個
たけのこ…25g
にんじん…15g
しいたけ…1枚
ピーマン…1/2個
しょうが…10g
長ねぎ…1/4本
油…大さじ1・1/2

甘酢あん
- スープ…大さじ4
- 酒…大さじ1/2
- しょうゆ…大さじ1・1/2
- 砂糖…大さじ1・1/2
- 酢…大さじ1・1/2
- 塩…少々
- 水溶き片栗粉（片栗粉、水…各小さじ1）

## 作り方

① サバは塩、酒、しょうゆ、おろしにんにくに10分くらい漬け込み、片栗粉をまぶして油で揚げる。

② たまねぎ、たけのこ、にんじん、しいたけ、ピーマン、しょうがはせん切り、長ねぎは白髪ねぎにする。

③ 鍋に油を熱し②の野菜を炒め、スープを注ぎ、酒、しょうゆ、砂糖、酢、塩を入れ水溶き片栗粉でとろみをつける。

④ 器に揚げサバを盛り、③の甘酢あんをかけて白髪ねぎを添える。

＊筒切りのサバを使うと、ボリュームが出て見た目も豪華になります。

# タラのチーズグラタン

## 材料（2人分）

タラ … 2切れ（1切れ80g）
- 塩、こしょう … 各少々
- 白ワイン … 大さじ1/2
- バター … 大さじ1/2
- 水 … 50mℓ

じゃがいも … 2個

ホワイトソース
- たまねぎ … 1/4個
- バター … 大さじ1
- 小麦粉 … 大さじ1
- 牛乳 … 150mℓ
- タラの蒸し汁
- 塩、こしょう … 各少々

バター … 大さじ1
粉チーズ … 大さじ2

## 作り方

① タラは塩、こしょうをし、白ワインをふっておく。鍋にバター大さじ1/2を入れ、タラを並べ、水を加えて、フタをして蒸し煮にする。蒸し汁は取っておく。

② じゃがいもは皮をむき、厚さ1cmの半月切りにし、塩ゆでする。

③ たまねぎは薄切りにし、フライパンにバター大さじ1を熱し、炒めて小麦粉をふってさらに炒める。その中に牛乳とタラの蒸し汁を少しずつ加え、ホワイトソースを作り、塩、こしょうで味をととのえる。

④ グラタン皿にバター大さじ1をぬり、②のじゃがいもを並べ、その上に①のタラをおき、ホワイトソースをかけて、粉チーズをふり、オーブンでチーズに焼き色がつくまで焼く。

# カキの松前焼き

## 材料（2人分）

カキ（むき身）…10個
　塩、酒…各少々
ゆり根…80g
みつば…20g
昆布…10cm×2枚
ゆず（輪切り）…2枚
油…少々
塩…少々
酒…大さじ1/2
アルミホイル

## 作り方

① カキは塩水で洗って水分を切り、塩、酒をふっておく。
② ゆり根はほぐしてゆで、みつばは1～2cmに切る。
③ アルミホイルを30cmくらいに切って油を薄くぬり、昆布を敷き、上にカキ、ゆり根、ゆずを置く。
④ ③に塩、酒を振りかけてきっちりと包み、180℃のオーブンで10～15分焼く。焼き上がったら、みつばをのせる。

＊だいこんおろしやポン酢しょうゆ、
七味とうがらしなど
お好みの薬味を添えて。

# ホッキと野菜のかき揚げ

**材料（2人分）**

ホッキ…4個
　塩、酒…各少々
たまねぎ…1/4個
みつば…10g
衣
　卵…1/2個
　水…60～70㎖
　酒…大さじ1
　小麦粉…40g
さやいんげん…50g
油…適量
だいこん…70g
しょうが…10g
天つゆ…100㎖

**作り方**

① ホッキはヒモと内臓を取り、太めのせん切りにし、ヒモは1cmくらいに切り塩、酒をふっておく。
② たまねぎは色紙切り、みつばは1cmくらいに切り、①とまぜ、小麦粉（分量外）をまぶす。
③ ボウルに卵を溶きほぐし、水と酒、小麦粉を入れて衣を作る。
④ ②に衣をつけスプーンにすくって揚げ、さやいんげんは素揚げする。
⑤ 器に盛り、だいこんおろしとおろししょうが、天つゆでいただく。

＊ホッキは油がはねやすいので、水分をよくふき取りましょう。

# カニの甲羅揚げ

### 材料（2人分）

カニのむき身（毛ガニ）… 150g
　酒 … 少々
たけのこ … 100g
しめじ … 50g
みつば … 20g
銀杏（缶）… 12個
　塩 … 少々
　みりん … 大さじ1
　卵 … 1/2個
　小麦粉 … 少々
毛ガニの甲羅 … 2個
油 … 少々
　小麦粉 … 大さじ2
　卵 … 1/2個
　パン粉 … 大さじ2
揚げ油 … 適量
レモン … 1/2個
パセリ … 少々

### 作り方

① カニのむき身は軟骨を取り、粗くほぐして酒をふる。たけのこはせん切り、しめじは石づきを取り、ほぐしておく。みつばは1cmに切る。銀杏はさっと熱湯を通しておく。
② ボウルに①を入れ、塩、みりん、溶き卵（1/2個）と小麦粉少々を入れ、よくまぜる。
③ 甲羅の内側に油をぬって小麦粉（分量外）をまぶし、②を詰め、上に小麦粉、溶き卵（1/2個）、パン粉をつけて油で揚げる。
④ 器に盛り、くし型に切ったレモン、パセリを添える。

# ニシンのサラダ

## 材料（2人分）

塩ニシン（糠ニシン）…1/2尾
キャベツ…100g
にんじん…15g
きゅうりのピクルス…1/2本
たまねぎ…1/2個
りんご…1/4個

ドレッシング
油…大さじ2
酢…大さじ2
砂糖…大さじ1
塩、こしょう…少々

ヨーグルトソース
プレーンヨーグルト…50g
牛乳…大さじ1・1/2

レタス…2枚
レモン…1/4個
パセリ…少々

## 作り方

① 塩ニシンまたは糠ニシンは塩出しをして3枚におろし、薄切りにして酢（分量外）にひたしておく。

② キャベツ、にんじんはゆでてせん切りにし、きゅうりのピクルス、たまねぎ、りんごは薄切りにする。

③ 油、酢、砂糖、塩、こしょうを混ぜてドレッシングを作っておく。

④ プレーンヨーグルトをクリーム状にして牛乳とよく混ぜ、ヨーグルトソースを作る。

⑤ 器にレタスを敷き、①②の材料とレモンの薄切り、パセリを盛り、③のドレッシングをかけ、いただくときにヨーグルトソースをかける。

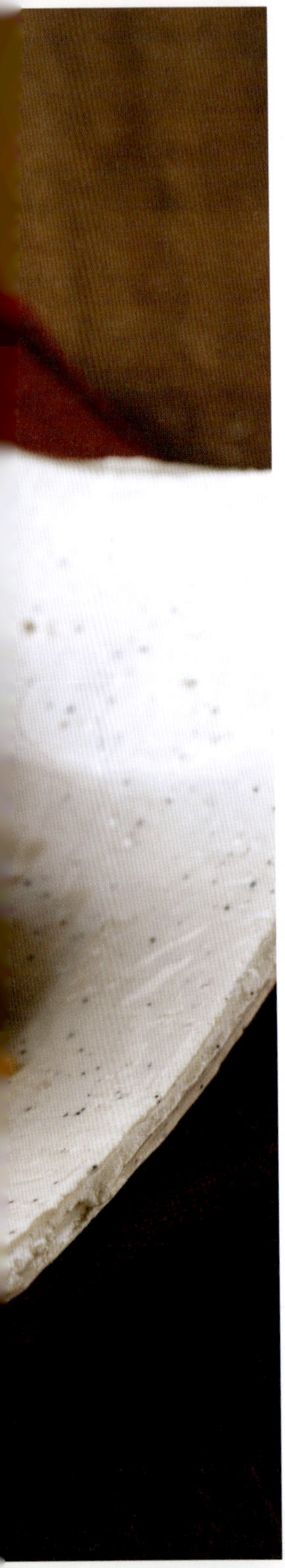

# タコのから揚げ ニンニクソース

## 材料（2人分）

タコ（ゆで）… 120g
油 … 適量

ニンニクソース
- にんにく … 1/2片
- しょうが … 10g
- 長ねぎ … 1/4本
- 酢 … 大さじ1
- しょうゆ … 大さじ1
- 砂糖 … 少々
- ごま油 … 小さじ1/4

片栗粉 … 適量

## 作り方

① タコは切り込みをいれ一口大に切る。
② にんにく、しょうが、長ねぎはみじん切りにし、酢、しょうゆ、砂糖、ごま油と合わせておく。
③ ①のタコに片栗粉をまぶし油で揚げる。
④ 器に盛り、ニンニクソースをかける。

ニンニクソースは、
揚げたイカや鶏にも
よくあいます。

# 魚の包み焼き

**材料（2人分）**

魚（タラ、サケなど）… 2切れ
　塩、こしょう、酒 … 適量
たまねぎ … 1/2個
お好みのきのこ … 適量
（しいたけ、えのきだけ、しめじなど）
塩、こしょう … 各少々
バター … 大さじ2
レモン … 1/2個
アルミホイル

**作り方**

① 魚に塩、こしょう、酒をふる。
② アルミホイルに薄切りにしたたまねぎを敷き、①の魚をのせる。きのこを適当におき塩、こしょうをし、バターを上にのせて包み、オーブントースターで10 〜 15分焼く。
③ レモンをしぼっていただく。

# サンマの梅煮

### 材料（2人分）

サンマ … 2尾
昆布 … 5㎝
梅干し … 小2個
水 … 2カップ
　酒 … 大さじ1
　砂糖 … 大さじ1・1/2
　しょうゆ … 大さじ1・1/2
　みりん … 小さじ1
さやいんげん … 2本

### 作り方

① サンマは頭と内臓を取り、食べやすい長さに切り、ザルに並べて塩（分量外）をふり、熱湯をかける。

② 鍋に昆布と水を入れ火にかけ、沸騰直前に酒、砂糖、しょうゆとサンマ、梅干しを入れ、落としぶたをして弱火で煮汁が1/3になるまで煮る。仕上げにみりんを加える。

③ さやいんげんは青ゆでにし、斜め切りにする。

④ ②と③を煮た梅干しと一緒に器に盛り付ける。

# シシャモの南蛮漬け

### 材料（2人分）

シシャモ … 10匹

つけ汁
- 長ねぎ … 10cm
- しょうが … 10g
- 鷹の爪（輪切り）… 少々
- 酢 … 大さじ3
- しょうゆ … 大さじ1/2
- 砂糖 … 大さじ1/2

### 作り方

① 長ねぎ、しょうがはみじん切りにし、鷹の爪、酢、しょうゆ、砂糖と混ぜておく。

② シシャモをオーブントースターでさっと焼き①につける。

# タラのカレー揚げ

**材料（2人分）**

タラ … 150g
しょうゆ … 小さじ1
しょうがのしぼり汁 … 小さじ1/2
片栗粉 … 大さじ2
カレー粉 … 小さじ1
油 … 適量
パセリ … 少々

**作り方**

1. タラは2㎝角に切り、しょうゆ、しょうがのしぼり汁をふりかけ、15分ほどおく。
2. 片栗粉とカレー粉をよく混ぜ、①のタラにつけて中温の油で揚げる。
3. 皿に盛り、パセリを添える。

# ホッキとじゃがいもの酢の物

## 材料（2人分）

ホッキ…2個
　酢…少々
じゃがいも…1個
　塩、酢…各少々
きゅうり…1/4本
しょうが…5g

三杯酢
　酢…大さじ1・1/2
　しょうゆ…大さじ1/2
　砂糖…大さじ1/2

## 作り方

① ホッキはヒモと内臓を取り、熱湯に通し冷水に取ってから太めのせん切りにし、酢をふる。

② じゃがいもは太めのせん切りにし、しばらく水につけてから、熱湯に塩、酢を入れてゆで、冷水に取り、水きりをする。きゅうり、しょうがはせん切りにしておく。

③ ①②をまぜて器に盛り、三杯酢をかける。

＊じゃがいもは歯ごたえを残してゆでましょう。

# イカのごろ炒め

材料（2人分）

イカ…1杯
ウスターソース…大さじ2
油…大さじ1
塩…少々
酒…大さじ1

作り方

① イカは輪切りにする。
② ごろは袋から出し、ウスターソースを混ぜておく。
③ フライパンに油を熱しイカを炒める。塩で味をうすくつけ酒をふる。
④ ③に②のごろソースを入れてよく混ぜ、器に盛る。

# 塩ザケのマリネ

### 材料（2人分）

塩ザケ … 80g
　酢 … 1/4カップ
たまねぎ … 1/3個
はくさい … 1枚
にんじん … 20g

つけ汁
　酢 … 大さじ1
　塩 … 少々
　こしょう … 少々
　鷹の爪 … 少々
　油 … 大さじ2

かいわれだいこん … 少々

### 作り方

① 塩ザケは薄切りにし、熱湯をかけてから酢につけ、塩抜きする。
② たまねぎは薄切り、はくさい、にんじんはせん切りにする。鷹の爪は種を取って小口切りにする。
③ ボウルに酢、塩、こしょう、鷹の爪、油を合わせたつけ汁に、①の塩ザケと②の野菜を漬け込む。
④ 器に③を盛り、かいわれだいこんを添える。

# 肉料理

子どものころ、
特別な日に
作ってもらったお料理です。

# ポークチャップ

## 材料（2人分）

豚ロース…2枚
　塩、こしょう…各少々
　小麦粉…大さじ1
たまねぎ…1/4個
しいたけ…2枚
油…大さじ1
ソース
　ケチャップ…大さじ3
　ウスターソース…大さじ1
　しょうゆ…小さじ1
　水…大さじ4
パセリ…適量

## 作り方

①豚肉は筋切りをして両面に塩、こしょうし、表面に薄く小麦粉をまぶす。
②たまねぎは薄切り、しいたけは石づきを取って薄切りにする。
③フライパンに油を熱し、豚肉の両面に焼き色をつけ、一度取り出す。同じフライパンでたまねぎ、しいたけを炒めてソースの材料を加え、肉を戻して中まで火を通し、ソースを煮詰める。
④皿に盛りつけ、パセリを散らす。

# ラムの南蛮焼き

## 材料（2人分）

ラム肉（肩ロース）… 180g

つけ汁
- たまねぎ … 1/8個
- りんご … 1/8個
- にんにく … 1片
- しょうゆ … 大さじ2
- 酒 … 大さじ1
- 七味とうがらし … 少々

長ねぎ … 1/2本
にんじん … 1/4本
ピーマン … 1個
しいたけ … 2個
ごま油 … 適量

## 作り方

① たまねぎ、りんご、にんにくをすりおろし、しょうゆ、酒、七味とうがらしを混ぜてつけ汁を作り、ラム肉をつけ込む。

② 長ねぎ、軽くゆでたにんじん、ピーマン、しいたけを竹串に刺しやすい大きさに切る。

③ 串にラム肉と野菜を彩りよく刺し、ごま油をひいたフライパンで焼く。

# 豚肉のしょうが鍋

## 材料（2人分）

豚ロース（薄切り）… 200g
しゅんぎく … 100g
しょうが … 15g
水 … 適量
酒 … 少々
だいこん … 50g
酢じょうゆ … 適量

## 作り方

① しゅんぎくは4～5cmに切り、しょうがはせん切りにする。
② 鍋に水を入れて火にかけ、酒、しょうがを加え豚肉の薄切りとしゅんぎくを煮ながら、だいこんおろしと酢じょうゆでいただく。

からだが温まる
冬のかんたん鍋です。

# うずら卵のスコッチエッグ

## 材 料（2人分）

うずらのゆで卵 …8個
ひき肉 …100g
たまねぎ …1/2個
　パン粉 … 大さじ3
　牛乳 … 大さじ1・1/2
　卵 … 1/2個
　塩、こしょう … 各少々
小麦粉 … 適量
卵 …1/2個
パン粉 … 適量
油 … 適量
パセリ … 適量

## 作り方

① たまねぎはみじん切りにし、パン粉と牛乳は合わせておく。
② ボウルにひき肉、たまねぎ、牛乳にひたしたパン粉、溶き卵（1/2個）、塩、こしょうを入れて粘りが出るまでよく混ぜる。
③ ゆで卵の表面に小麦粉をまぶし、②を8等分にして卵をそれぞれ包み、小麦粉、溶き卵（1/2個）、パン粉の順につけて油で揚げる。
④ 器に盛り、パセリを添える。

# 鶏肉とキノコのクリーム煮

## 材料（2人分）

鶏むね肉…100g×2枚
塩、こしょう…各少々
小麦粉…少々
バター…大さじ1
油…少々
バター…大さじ1
しめじ…1/2パック
しいたけ…1/2パック
白ワイン…1カップ
生クリーム…100mℓ
塩、こしょう…各少々
パセリ…適量

## 作り方

① 鶏肉は平らに開き、塩、こしょうをふり、小麦粉をまぶして、バター大さじ1と油で両面を焼く。
② 別鍋にバター大さじ1を熱し、石づきを取り小房に分けたしめじといちょう切りのしいたけを炒める。①の鶏肉、白ワインを入れて少し煮込み、生クリームを加え、塩、こしょうで味をととのえる。
③ 器に鶏肉を盛り、ソースをかけ、ピラフとパセリを形よく添える。

＊きのこの種類が多いと、ソースのうまみが増します。

### ピラフ（2人分）

米…1合（180mℓ）
たまねぎ…1/8個
スープ…180mℓ
バター…大さじ1
塩、こしょう…少々

米を洗い、水気を切る。鍋にバターを熱し、みじん切りのたまねぎと米を炒め、塩、こしょうとスープを加えて炊き上げる。

# 即席焼豚

### 材料（2人分）

豚もも肉（かたまり）
…250～300g

つけ汁
- 酒…小さじ2
- しょうゆ…大さじ2
- 塩…少々
- しょうが…10g
- にんにく…1/2片
- 長ねぎ…1/4本

油…大さじ1・1/2

からしじょうゆ
- 練りからし…小さじ1/2
- しょうゆ…大さじ2
- 砂糖…小さじ1/2
- 酢…小さじ1/2
- 塩…少々

サラダ菜…2～3枚
タコ糸

### 作り方

① 豚もも肉は形をととのえて、タコ糸で巻く。

② バットに酒、しょうゆ、塩、しょうがの薄切り、おろしにんにく、3～4cmに切った長ねぎを入れ、①を30分くらいつけておく。

③ フライパンに油を熱し、②の豚もも肉を入れ表面を焼き、つけ汁をかけながら焼き上げる。

④ 冷めてから薄切りにし、器にサラダ菜と焼豚を盛り、調味料をあわせたからしじょうゆを添える。

＊冷蔵庫で4～5日もちます。
チャーハンや
チャーシュー麺などに。

# くじら肉のかりん揚げ

## 材料（2人分）

くじら肉 … 150g

つけ汁
- しょうゆ、みりん … 各大さじ1
- しょうがのしぼり汁 … 小さじ1
- 長ねぎ（みじん切り） … 3～4cm

小麦粉 … 大さじ3
卵 … 1/2個
パン粉 … 大さじ3～4
油 … 適量
キャベツ … 60g
レモン … 1/3個
パセリ … 適量

## 作り方

① くじら肉は棒状に切り、つけ汁につけておく。

② ①のくじら肉に小麦粉、溶き卵、パン粉をつけ、油で揚げる。

③ 器に②を盛り、せん切りキャベツとくし形に切ったレモン、パセリを添える。

# ジンギスカン

### 材料（2人分）

ラム肉（薄切り）… 400g

たれ
- しょうが … 20g
- にんにく … 1片
- たまねぎ … 1/2個
- りんご … 1/2個
- しょうゆ … 大さじ4
- みりん … 大さじ1

たまねぎ … 1個
なす … 1個
かぼちゃ … 80g
ピーマン … 1個
とうもろこし … 1/2本
もやし … 100g

### 作り方

① しょうが、にんにく、たまねぎ、りんごはすりおろし、しょうゆ、みりんを合わせてたれを作る。

② たまねぎは輪切り、なすは斜め切り、かぼちゃ、ピーマンはくし形切り、とうもろこしはゆでて4等分に切り、もやしはひげと根を取っておく。

③ ラム肉、野菜にたれをつけながら焼く。または素焼きにして、たれと薬味でいただく。

＊薬味はお好みで。だいこんおろし、しょうがやにんにくのすりおろしなど。

# ラムとたけのこの旨煮

## 材料（2人分）

ラム肉 … 100g
　酒、しょうゆ … 各小さじ1
たけのこ … 100g
たまねぎ … 100g
煮汁
　水、砂糖 … 各大さじ1
　みりん … 大さじ1/2
　しょうゆ … 小さじ1
　塩 … 少々
片栗粉 … 適量
油 … 適量
小ねぎ … 適量

## 作り方

1. ラム肉は一口大に切り、酒、しょうゆで下味をつける。
2. たけのこはいちょう切り、たまねぎは薄切りにする。
3. ①のラム肉に片栗粉をまぶし、油で揚げる。
4. フライパンに油を少々熱し、たけのことたまねぎを炒める。③のラム肉を加え、煮汁を注ぎ、汁がなくなるまで煮る。
5. 器に盛り、刻んだ小ねぎを散らす。

# 鶏肉のから揚げ

## 材料（2人分）

鶏もも肉（骨なし）… 200g

調味液
- 塩、こしょう … 各少々
- 酒 … 大さじ1/2
- しょうゆ … 大さじ1/2
- 卵 … 1/4個
- にんにく … 小1/2片
- ごま油 … 小さじ1/2

片栗粉 … 大さじ1・1/2~2
油 … 適量
レモン … 1/2個
パセリ … 適量

## 作り方

1. 鶏もも肉は厚さを均等に広げ、一口大に切る。
2. ボウルに鶏肉、塩、こしょう、酒、しょうゆ、卵、おろしにんにく、ごま油を入れよく混ぜる。揚げる直前に片栗粉を加え、熱した油で色よく揚げる。
3. 器に盛り、くし形に切ったレモンとパセリを添える。

# 牛肉のアスパラ巻き

## 材料（2人分）

牛肉（薄切り）…150g

【つけ汁】
しょうがのしぼり汁
…大さじ1/2
酒、みりん、しょうゆ
…各大さじ1

グリーンアスパラ…2〜3本

【照りじょうゆ】
しょうゆ…10mℓ
みりん…10mℓ

甘酢らっきょう…4個

つまようじ

## 作り方

① グリーンアスパラはハカマを取って、青ゆでにする。

② しょうがのしぼり汁、酒、みりん、しょうゆをあわせたつけ汁に、牛肉を10分くらいつけておく。

③ グリーンアスパラを芯にして②の牛肉を巻き、端をつまようじでとめる。

④ 熱した網にのせて焼き、照りじょうゆを数回ぬって焼き上げる。

⑤ ④を3cmくらいに切って器に盛り、薄切りにした甘酢らっきょうを添える。

# ハヤシライス

## 材料（2人分）

牛肉（薄切り）… 150g
　塩、こしょう … 各少々
　赤ワイン … 大さじ1
たまねぎ … 1/2個
しいたけ … 3枚
にんじん … 30g
たけのこ … 30g
にんにく … 1/2片
油 … 大さじ1
　バター … 大さじ2
　小麦粉 … 大さじ3
　トマトケチャップ … 大さじ3
　ウスターソース … 大さじ2
スープ … 500㎖
砂糖 … 少々
赤ワイン … 大さじ1・1/2
ごはん … 2人分
グリンピース … 適量

## 作り方

① 牛肉は一口大に切り、塩、こしょう、赤ワインをふっておく。
② たまねぎとしいたけは薄切り、にんじん、熱湯に通したたけのこは短冊切り、にんにくはみじん切りにする。
③ 鍋に油を熱し牛肉をさっと炒め、いったん取り出す。
④ ③の鍋にバターを熱してにんにくを炒め、たまねぎ、にんじん、たけのこ、しいたけを加えてよく炒める。小麦粉を振り入れてさらに炒め、トマトケチャップ、ウスターソースを加えて炒める。
⑤ ④にスープを少しずつ加えて溶きのばし、野菜がやわらかくなったら、砂糖と赤ワインを加える。
⑥ ③の牛肉を戻し入れてアクを取る。
⑦ 器にごはんを盛って⑥のソースをかけ、グリンピースを散らす。

# 鶏にんにく

## 材料（2人分）

鶏肉 … 200 g
　塩、こしょう … 各少々
　酒 … 大さじ2
にんにく … 4〜5片
ブロッコリー … 6房
ミニトマト … 6個

## 作り方

① 鶏肉は一口大に切り、塩、こしょう、酒をふる。ブロッコリーは小房に切ってゆでておく。
② にんにくは薄切りにし、①の鶏肉と混ぜる。
③ 耐熱皿の中央に②の鶏肉を平らに並べ、ラップをかけて、電子レンジで鶏肉に火が通るまで加熱する。
④ 鶏肉に火が通ったら器に盛り、ゆでたブロッコリーとミニトマトをかざる。

# 豚肉とだいこんのみそ煮

## 材料（2人分）

豚ばら肉（かたまり）… 300g
だいこん … 300g
こんにゃく … 1/2枚
油 … 大さじ1
しょうが … 10g
　酒 … 大さじ4
　砂糖 … 大さじ2・1/2
　みそ … 75g
しょうゆ … 大さじ1/2
さやいんげん … 2本

## 作り方

① 豚ばら肉は3～4cmの厚さに切る。だいこんは厚めに切って、米のとぎ汁で固めに下ゆでし、こんにゃくは一口大に切り、鍋でから炒りする。

② 鍋に油を熱し、せん切りのしょうがと豚ばら肉を炒め、ザルに取り上から熱湯をかけて脂ぬきをする。

③ 鍋に②の豚肉をもどし、酒を入れて、かぶるくらいの熱湯を加え、砂糖、みそ、だいこん、こんにゃくを入れて味がしみるまで弱火で3時間くらい煮込む。おろしぎわにしょうゆを加え、風味をつける。

④ 器に盛り、青ゆでしたさやいんげんをのせる。

# 豚肉とこんにゃくの炒り煮

### 材料（2人分）

豚肉 … 50g
しいたけ … 1枚
しょうが … 10～15g
こんにゃく … 1/3枚
油 … 大さじ1
しょうゆ … 大さじ1
砂糖 … 大さじ1
酒 … 小さじ1
針しょうが … 5～8g

### 作り方

① 豚肉、しいたけ、しょうがは細切りにする。
② こんにゃくはせん切りにし、から炒りにする。
③ 鍋に油を熱し、しょうが、豚肉、しいたけ、こんにゃくを炒め、しょうゆ、砂糖、酒を加え、汁気がなくなるまで炒める。
④ 器に盛り、針しょうがをのせる。

# 鶏レバーのからしみそ和え

## 材料（2人分）

鶏レバー … 100g
　しょうがのしぼり汁、酒 … 各少々
もやし … 100g
　油 … 適量
　塩、こしょう … 各少々
からしみそ
　練りからし … 小さじ1/2
　みそ … 大さじ1
　砂糖 … 大さじ1
　みりん … 小さじ1
長ねぎのみじん切り … 大さじ1
小ねぎ … 適量

## 作り方

1. 鶏レバーは血抜きをし、一口大に切ってしょうがのしぼり汁と酒で下味をつける。
2. もやしはひげを取り、洗って水気を切る。
3. 調味料を合わせてからしみそを作り、長ねぎのみじん切りを混ぜる。
4. フライパンに油を適量熱してもやしを炒め、塩、こしょうをし、器に盛る。
5. 同じフライパンで①の鶏レバーをよく炒め、③のからしみそをからめ、④の上に盛り、小口切りの小ねぎを散らす。

# 鶏ささみのキムチ和え

材料（2人分）

鶏ささみ…2本
　酒、塩…各少々
キムチ…50g
きゅうり…1/2本
　塩…少々
しょうゆ、ごま油
　…各少々
白ごま…小さじ1

作り方

① ささみは酒、塩をふって電子レンジで火を通し、温かいうちに手で細かく裂き、蒸し汁の中に戻して冷ます。
② キムチはざく切りにする。きゅうりは薄切りにして塩をふり、しんなりしたら水気を切る。
③ ボウルに①と②の材料をすべて入れ、しょうゆ、ごま油で味をととのえて器に盛り、白ごまを散らす。

# 鶏ささみのマリネ

材料（2人分）

鶏ささみ…2本
　酒…大さじ1
たまねぎ…1/2個
長ねぎ…1/2本
　酢…大さじ2
　しょうゆ…大さじ1
塩、こしょう…各少々
ごま油…少々
一味とうがらし…少々
大葉…2枚

作り方

① 鶏ささみは一口大に切り、酒をふる。
② たまねぎは薄切り、長ねぎは斜め薄切りにし、ボウルに入れ、酢、しょうゆと混ぜておく。
③ ①に塩、こしょうをしてごま油で焼き、熱いうちに②につけ一味とうがらしを好みでふる。
④ 器に盛り、大葉のせん切りを上に散らす。

# ごはん・麺料理

# 甘納豆入り
# 炊き込み赤飯

材料（2合分）

うるち米 … 1合（180mℓ）
もち米 … 1合（180mℓ）
水 … 360mℓ
甘納豆 … 80g
塩 … 少々
食紅 … 少々
紅しょうが … 適量
ごま塩 … 少々

作り方

1. うるち米、もち米はあわせてとぎ、30分くらい水につけて、水切りをする。甘納豆は手早く洗って水切りをする。
2. 炊飯器に米、水、塩少々と少量の水に溶いた食紅水を入れ普通に炊く。蒸らすときに甘納豆を加える。
3. 器に赤飯を盛り、ごま塩をかけ、薄切りの紅しょうがを添える。

＊お米は30分以上水につけると炊いたご飯が水っぽくなります。

北海道ならではの
ほんのり甘い、懐かしい味です。

# 変わりイカめし

## 材料（2人分）

米…100g
イカ…2杯
　酒、塩…各少々
たまねぎ…1/3個
ベーコン…1枚
バター…大さじ1/2
カレー粉…小さじ1
スープ…2カップ
パセリ…適量
つまようじ

## 作り方

① 米はといでザルにあげておく。
② イカは内臓と足を取り、皮をむいて洗い、酒、塩をふっておく。
③ イカの足は小さく切り、たまねぎ、ベーコンはみじん切りにする。
④ 鍋にバターを熱し、③のイカの足、たまねぎ、ベーコンを炒め、カレー粉、米を加えて全体に色が均一になるまで炒める。
⑤ ④を②のイカの胴の中に七分目くらいまで詰め、口をつまようじでとめてスープで煮る。
⑥ 冷めてから食べやすく切り分け、パセリを添えて盛り付ける。

いつものイカめしを
洋風に。
白ワインが合います。

# とうもろこしの炊き込みご飯

**材料（2合分）**

米…2合（360mℓ）
とうもろこし…1本
しいたけ…1枚
たまねぎ…1/2個
エビ…100g
バター…大さじ1
油…大さじ1/2
- 水…2カップ
- トマトケチャップ、酒…各大さじ1
- 塩…小さじ1/3
- こしょう…少々

えだまめ（ゆで・むき）…30g

**作り方**

① 米はといでザルにあげておく。
② とうもろこしは実をはずす。しいたけ、たまねぎは1cmの角切りにする。エビは殻をむく。
③ 厚手の鍋にバターと油を熱し、②の野菜とエビを炒め、米を入れ、水、トマトケチャップ、酒、塩、こしょうを加えて炊き上げ、下ろし際にえだまめを散らす。

# 北海雑煮

## 材料（2人分）

餅…4切れ
白身魚…50g
サケ…50g
　塩、みりん、片栗粉…各少々
ホッキ…1個
エビ…50g
白板付カマボコ…1/4本
たけのこ…40g
しいたけ…1枚
みつば…5g
長ねぎ…1/4本
吸い汁
　昆布だし汁…3カップ
　みりん…小さじ2
　塩…小さじ1/2
　しょうゆ…少々
ゆず（またはみかん）の皮…少々
塩イクラ…少々

## 作り方

① 餅は両面を食べる直前に焼き、熱湯をかける。
② 魚はそぎ切りにし、塩、みりんをふり、片栗粉をまぶしてゆでる。ホッキは内臓を取って一口大に切り、エビはヒゲと足を切り揃え、それぞれ熱湯をかける。カマボコは薄切りにする。
③ たけのこは薄切り、しいたけはせん切り、みつばは2㎝くらいに切り、長ねぎは斜め切りにする。
④ 鍋でだし汁を熱し、みりん、塩、しょうゆを加えて吸い汁をつくる。
⑤ ④に②と③の材料を入れ、ひと煮たちさせる。
⑥ ①の餅を入れた器に⑤をよそい、好みによりせん切りのゆず（またはみかん）の皮と塩イクラを添えていただく。

## お好み丼

材料（2人分）

ごはん…丼2杯分
豚もも肉…100g
　酒…少々
油…大さじ1
キャベツ…2枚
さくらえび…大さじ3
揚げ玉…大さじ2
とんかつソース…大さじ1~2
塩、こしょう…各少々
マヨネーズ…大さじ1/2~1
青のり、削り節…各少々

作り方

① 豚肉はせん切りにし、酒をふる。キャベツもせん切りにする。
② フライパンに油を熱し豚肉を炒め、キャベツを加える。
③ 火が通ったらさくらえびと揚げ玉を加え、ソース、塩、こしょうで味をつける。
④ 丼にごはんと③を盛り、お好みでマヨネーズ、青のり、削り節をかける。

## 豚肉のしょうが焼き丼

材料（2人分）

ごはん…丼2杯分
豚肉（薄切り）…100g
　しょうが…少々
　酒、しょうゆ…各大さじ1
たまねぎ…1/2個
油…大さじ1
紅しょうが…10g
焼きのり（もみのり）
　…1/2枚

作り方

① 豚肉は一口大に切り、おろししょうが、酒、しょうゆに約15分つける。
② たまねぎは薄切りにする。
③ フライパンに油を熱し、たまねぎをよく炒める。豚肉をつけ汁ごと入れ、さらに炒める。
④ 丼にごはんと③を盛り、紅しょうがのせん切りともみのりを散らす。

## 目玉焼き丼

材料（2人分）

ごはん…丼2杯分
卵…2個
万能ねぎ…適量
削り節…適量
しょうゆ…適量
ごま油…大さじ1
塩、こしょう…各少々

作り方

① 丼に盛ったごはんの上に、小口切りの万能ねぎ、しょうゆをかけた削り節をのせる。
② フライパンにごま油を熱し、黄身が半熟になるように目玉焼きを作る。塩、こしょうをし、①の上にのせる。

忙しいときに
ぴったりの
お手軽丼です。
お好み丼
豚肉のしょうが焼き丼
目玉焼き丼
焼くときに
ごま油を使うのが、
ポイント！

# 山菜チャーハン

## 材料（2人分）

ふき（ゆで）…1本
笹たけのこ（ゆで）…2本
焼きちくわ…1本
にんじん…10g
干ししいたけ…1枚
油…大さじ1
　みりん…大さじ1/2
　酒…大さじ1/2
　しょうゆ…大さじ1
ごはん…茶わん2杯分
塩、こしょう…各少々
みつば…20g

## 作り方

① ふき、笹たけのこ、焼きちくわは小口切り、にんじんはせん切り、干ししいたけはもどしてみじん切り、みつばは1㎝くらいに切る。
② 鍋に油を熱し、にんじん、ふき、たけのこ、しいたけ、焼きちくわを炒め、みりん、酒、しょうゆを加える。
③ ②にごはんを入れてよく炒め、塩、こしょうで味をととのえる。
④ 器に盛り、みつばを散らす。

# サケと大葉のちらしずし

## 材料（2人分）

サケフレーク … 大さじ4
しらす … 大さじ3
大葉 … 1束
白ごま … 大さじ2
酢飯 … 300～400g

## 作り方

① しらすは熱湯にひたし、軽く塩抜きして水気を切る。大葉はせん切りにする。
② 酢飯にサケフレークと大葉の半量、しらす、白ごまを混ぜて器に盛る。上にサケフレークと大葉の残りを飾る。

# チーズと削り節のスパゲッティ

材料（2人分）

スパゲッティ…120g
生クリーム…80mℓ
ハム…2枚
めんつゆ（濃縮タイプ）
…大さじ1・1/2
粉チーズ…大さじ1
削り節…少々
白ごま…小さじ1
ドライパセリ…少々

作り方

① スパゲッティは塩を加えた湯でゆでる。
② 鍋に生クリームとめんつゆを入れ、半量になるまで煮詰める。
③ スパゲッティと角切りにしたハムを②に加えて軽く混ぜ、器に盛る。粉チーズ、削り節、白ごま、ドライパセリを散らす。

冷蔵庫にある
野菜なども入れても
いいですね。

# ミルクカレースパゲッティ

**材 料（2人分）**

スパゲッティ … 120g
ベーコン（薄切り）… 1枚
たまねぎ … 1/2個
しめじ … 1/2パック
油 … 大さじ1
牛乳 … 1カップ
お好みのカレールー
　… 1かけ（15g）
塩、こしょう … 各少々
ドライパセリ … 少々

**作り方**

① スパゲッティは塩を加えた湯でゆでる。
② ベーコンは1cm幅に切る。たまねぎはせん切り、しめじは石づきを取りほぐしておく。
③ フライパンに油を熱し、たまねぎ、ベーコン、しめじを炒め、たまねぎがしんなりしたら牛乳を加えて沸騰させ、カレールーを入れる。
④ カレールーが煮溶けたら、スパゲッティを加えて塩、こしょうで味をととのえ、皿に盛りドライパセリを散らす。

# 鶏だんごそうめん

**材料（2人分）**

鶏ひき肉 … 60g
　しょうがのしぼり汁
　　… 小さじ1
　塩、こしょう … 各少々
そうめん … 1束
しいたけ … 1枚
みつば … 10g
スープ … 2カップ
塩 … 小さじ1/2
酒 … 大さじ1
こしょう … 少々

**作り方**

① 鶏ひき肉にしょうがのしぼり汁、塩、こしょうで味をつけ、小さなだんご状にしてゆでる。
② そうめんはゆでて水気を切り、しいたけは薄切り、みつばは2～3cmに切る。
③ 鍋にスープを入れて塩、酒、こしょう、しいたけを加え、沸騰したらそうめん、①の肉だんごを入れる。
④ 器に盛り、みつばをのせる。

## カニ雑炊

**材 料（2人分）**

カニ（缶）… 1/2 缶（50g）
ごはん … 茶わん 2 杯分
だし汁 … 300mℓ
卵 … 1個
みつば … 1本
塩、酒 … 各少々

**作り方**

① 鍋にだし汁を入れて、カニを缶の汁とともに加え、ごはんを入れてひと煮たちさせる。
② 塩、酒で味をととのえ、溶き卵を加え1cmに切ったみつばを入れて器に盛る。

＊ほたての水煮缶、あさりのむき身などでもいいです。

## ツナごはん

**材 料（2合分）**

米 … 2合（360mℓ）
ツナ缶 … 165g（小缶1個）
ミックスベジタブル … 大さじ 6
水 … 360mℓ
酒 … 大さじ 2
塩 … 少々

**作り方**

① 洗った米とほかの材料をすべて炊飯器に入れて炊く。お好みで、もみのり、せん切りにした大葉などを天盛りにする。

＊ツナ缶は汁ごと使いましょう。

# 食材別さくいん

## 野菜・果物

## 肉



## ハム・ベーコン



## 魚介



## 卵・乳製品

## 豆腐・大豆製品



## 米・麺・パン



## 加工品・乾物・その他



## 缶詰・瓶詰

# 母の歩いた道

南部ユンクィアンしず子

もくじ

# 第1章　誕生のころ

母は一九二〇（大正九）年に現在の北海道後志管内蘭越町湯里で生まれました。その頃、祖父も祖母も昆布小学校の教師をしていて、祖母は赤ん坊だった母をカゴに入れて教壇の傍らであやしながら、子どもたちに勉強を教えたそうです。子どもたちも幼い弟や妹を背中に背負って畑仕事に忙しい両親の手伝いをしながら学校に通ってきていました。祖母は明るい性格でいつもオルガンを弾きながら歌を歌っていました。小学校の隣に校宅があり、母は校宅も小学校も自分の家だと幼いときは思っていたようです。算数の時間、窓から教室をのぞいていた母は九九なども自然に覚えていて、先生の質問にも窓の外から子どもたちより早く「は〜い」と大きな声で答えていたと聞きました。

その当時の主食はじゃがいもで、川魚やザリガニもよく食べました。汁物は具の多い塩汁やみそ汁です。春にはニシンを箱ごと買い、糠ニシンや切り込み漬けを作って一年中の保存食としました。

夕食には、よく野菜と魚の三平汁を食べたそうです。漬けものはタクアン漬け、ニシン漬け、みそ漬け、かす漬けです。

祖父の南部正は一八九七（明治三十）年、宮城県に生まれました。九歳になった一九〇六（明治三十九）年、現在のニセコ山麓の昆布地区に北海道の開拓民として一家で移住してきました。子どものころから剣道を習い「武士道精神をもわきまえた頭の良い少年」と言われていたそうです。小学校を出た後は独学で検定試験に合格し、一九一四（大正三）年には正教員の資格をとり、小学校の教員になりました。一九二二（大正十一）年の春、母が三歳のとき、祖父は札幌師範学校（現在の北海道教育大学札幌校）の本科二部に入学し再び学生となりました。「人間、学べるときに学んでおかなければ後で後悔する」とよく周囲にも話していました。

祖父は一九二三年、日高の似湾（現在のむかわ町穂別二和）に勤務となり似湾小学校の校長として、日中は小学生に勉強を教える一方、地域の青年団の人々にも「朝の学習」を行っていました。母は村の青年たちが朝の四時に提灯をさげて登校してきたのを子ども心にもおぼえていたそうです。祖母は祖父の小学校に勤務しながら女子青年団の人たちや近所のアイヌの人たちに自分の好きな料理や裁縫を教えていました。私たち姉妹は、母の語ったこうした祖父母の姿に、いつも光塩学園の源流を見る思いをしたものです。日高は山菜の宝庫で特に山ブキがたくさんありました。フキやウド、ワラビやササタケノコをいれた山菜のお煮しめなどは我が家の食卓によくのぼりました。

祖父の師範学校時代の知人に、小学校の校長先生をされ、一九六三（昭和三十八）年に市民の総意として制定された札幌市民憲章の創案作りのメンバーであった齋藤七郎治先生がいらっしゃいます。先生は私たちが大通小学校に通っていたころの校長先

似湾小学校に勤務当時の
祖父母（前列中央が祖父、
後列左が祖母）と、
母あき子（前列右）

生でした。学校の中で先生に会うと「おじいさんはお元気ですか」とニコニコして声をかけてくれました。その後、両親が創った光塩学園の理事として長年、学園を支えてくださり、私たちに人の縁というものを考えさせてくれたのでした。

祖母は大変進取の気性に富んだ人で、田舎に住んでいてもいつも何か新しいものに挑戦したいというタイプだったようです。石油缶をオーブン代わりにしてパンを焼いたり、ニンジンをフライにし、砂糖をまぶしてお菓子を作ったり、じゃがいもをふかしてバターをつけたり、ウサギやトリ、豚の肉に野菜と牛乳を入れシチューを作る等々。お祝いのときの小豆の入ったお赤飯にも、子どもが喜ぶからといつも赤飯の上に甘納豆を乗せていたそうです。これらがのちに母が考案した酪農鍋や甘納豆入り炊き込み赤飯の原点になったのだと思います。

祖父は宮城県、祖母は新潟県の出身で、二人はお正月になるとよくお雑煮のおもちのことでもめていたそうです。祖父は宮城風の焼いたもちを雑煮に入れると言い、祖母は新潟風の煮たもちがおいしいと言うわけですが「最後にはあき子が好きだから、と言って煮たもちになった」とのことです。

母は日高で小学校二年生まで過ごしました。一九二八（昭和三）年、祖父が三十代のときに鉄道の町、追分の小学校の校長になり、一家は追分に移ります。母はそのころ、おとなしいけれど大変利発で、校長の娘ということで一目置かれていたといいます。

# 第2章　庁立高女から東京家政学院へ

母は一九三三（昭和八）年、追分小学校から北海道庁立札幌高等女学校（現在の北海道札幌北高等学校）に進学します。その当時としては地方から札幌の庁立女学校に入学するのはたいへん難しく、祖父も祖母も大変喜んでくれたと母は後日、話していました。下宿生活をしていた母は、休みになると両親や妹、弟の顔が見たくて、飛ぶような思いで追分の実家に帰ったそうです。祖母はそんなとき、母が大好きだった鵡川近くでとれるホッキで天ぷらを作ってくれました。

身が厚く、噛むと口いっぱいに甘味が広がるホッキは母の大好物でした。私たちが子どものころ、鵡川の親戚の家でホッキのカレーライスをごちそうになったことがあります。そのカレーライスは豚肉の代わりにホッキが入っているものでした。それを食べたときの母の顔は、子どもに返ったようにとてもうれしそうでした。

母が下宿をしながら庁立高女に在籍したのは一九三三年春から三七年の春までです。女学校時代、調理実習のときは日本料理のほかに、いろいろな洋食を札幌市内のホテルの料理長さんや洋食屋さんのご主人から学んだそうです。コロッケやカレーライス、ハヤシライス、チキンライス、オムライス、そしてトンカツやカキフライです。カキフライにはマヨネーズの入ったタルタルソースが添えられていました。そのころには家庭にも洋食が浸透し、トンカツにキャベツのせん切りを添えてソースやケチャップをかけ、ご飯とみそ汁、タクアンという献立が一般的になっていました。

このように充実した日々を過ごしていた母でしたが一九三七（昭和十二）年三月八日、「ハハ、キトク」の電報を札幌の下宿で受け取ります。そのとき祖母はまだ三十七歳、心臓まひによる急死でした。祖父は一人で札幌にいるわが娘があまりにも不憫で「ハハ、シス」ではなく、あえて「ハハ、キトク」という電報を打ったのだと後で語っていました。母は女学校卒業を控えており、東京家政学院に進学すると早くから決めていましたが、母親の急死で幼い妹や弟を残して上京する気持ちにはなれず、ずいぶん悩んだそうです。そのとき、祖父が「学べるときに学んでおかないと後で後悔するよ」と背中を押してくれたのでした。

庁立高女を卒業後、母は大江スミ先生が創立された東京家政学院に進学しました。大江先生はイギリス留学の経験もあり、その当時の女子教育の大御所で、母は家事教

母の庁立高等女学校入学記念
（左から祖母、おじの正男、母）

育を始め、家政学全般を学びました。特に調理実習ではクレーム・ド・マイス（コーンスープ）やヒラメのポピエット、ビーフステーキやスコッチ・エッグなど本格的なフランス料理なども学びました。

調理の味付けは、全国各地から来ている学生たちにとって甘すぎもせず、辛すぎもしない日本の平均的な味で、北海道で育った母にとっては大変上品な家政学院の味と映ったようです。また、大江先生の引率で着物にハカマ姿で帝国ホテルに赴き、テーブル・マナーを学びました。歌舞伎やお相撲の見学にも連れて行ってもらったそうです。のちに光塩学園を創立後、学生の教育を行うなかで、母はいつも家政学院で受けた「本物教育」の大切さを語っていました。

東京家政学院時代に、銀ブラする母（中央）

# 第3章　結婚、戦後の開拓、網走へ

## 結婚

母は東京家政学院を卒業後、伊東茂平洋裁研究所で三年間洋裁を学び、一九四二（昭和十七）年春にそこを卒業しました。翌四三年の春に父、長井高治と結婚します。父は埼玉県熊谷市の出身で母より十歳年上、実家は酒屋を営んでおり、七人兄弟の二男。大変活発で、近所のガキ大将だったそうです。明治大学法学部で学んだ後、東京の経済界で活躍中に太平洋戦争が勃発し軍人となりました。そのころ、母と出会い結婚したわけです。祖父の希望に沿い、父は南部姓を名乗りました。

こうして両親は戦時下に結婚し、東京で長女が、疎開先の浦和市（現在のさいたま市浦和区）で長男が生まれました。一九四五（昭和二十）年八月十五日、日本は終戦を迎え

新婚のころの父母

ます。

## 戦後の開拓

両親は戦争で全てを失い、失意のなか母の故郷、北海道に引き揚げました。深刻な食料難のために、網走市丸万に開拓に入ります。母の二十五歳の誕生日、一九四五（昭和二十）年十一月三日のことでした。農業の経験のない両親にとって、開拓地での日々は大変でした。大麦や小麦の芽が出ても草と間違えてみんな取ってしまったこともあったそうです。津田英学塾を卒業した母の妹・倫子おばさんや、学生だった弟が手伝いに来てくれ、近所の人々の助けもあり、一年目はなんとかわずかな収穫もありました。しかし父は胃かいようで倒れてしまいます。

後年、私にテレビの取材で「フキノトウのおいしい食べ方」を教えてほしいという依頼があり、母に尋ねたところ、フキノトウのみそ汁やみそ炒めのコツを教えてくれました。そして最後に「でもフキノトウの香りをかぐと開拓時代の辛いことが思い出され胸がいっぱいになるので私は食べられない」と言ったのです。いつも明るくおおらかな母から聞いた唯一の「つらい思い出」です。

この丸万で、姉の正世は一九四六（昭和二十一）年十二月に生まれました。母はじゃがいもや小麦だけの食事に加えて授乳のためやせ衰え、子どもたちは栄養失調になったそうです。

開拓に入ってから二年後、四七年秋、両親は開拓地での生活をあきらめ、一家で網走市街にあった祖父の家に身を寄せます。このとき名残りを惜しんで馬車で見送ってくれたのは近辺の青年子女でした。辛いことがいっぱいの開拓時代にあっても、父は農閑期には地域の青年たちが持ってくる新聞の時事解説をしたり、母は農家の娘さんたちに洋裁やじゃがいものおいしい食べ方を教えたりしていたのです。かつての祖父母の姿と重なります。そしてこのことが、その後の両親が教育に向き合う背景になったのです。

## 網走市街へ

祖父は戦時中の一九四二（昭和十七）年五月に網走支庁教育課長兼視学（視学官とは地方に置かれた教育行政官で、学事の視察、教育の監督を行った）、次いで空知支庁に転勤となり、母たちが北海道に引き揚げたときは網走から岩見沢に引っ越しをしていました。四七年春に網走市の助役になり、同じ年の十一月、母たちが丸万から移ってきます。

網走市街の実家でできることは何かと考えたとき、母は自分が東京で学んだ洋裁を教えることを思いつきました。東京家政学院と伊東茂平洋裁研究所で学んだ母に加え、妹の倫子おばさんも津田英学塾卒業後、当時の新進デザイナーの小川文子先生に師事し、同じく洋裁を学んでいたのでした。戦後、洋裁に対する世間の関心は大変高まっていました。

一九四八（昭和二十三）年四月、祖父の家の一間を借り、十五名の生徒に二名の先生が教えるという洋裁教室がスタートしました。父は生徒募集の広告を手書きし、市内の至るところに張らせてもらったといいます。

私、しず子はこのひと月前の三月に生まれました。当時の網走はニシン、サケ、カニ、タラ、ときにはクジラなども獲れ、ほかの地域よりは食料事情は良かったようです。私の赤ん坊のときの写真を見るとまるまると太っており、隣に写っている丸万で生まれた姉の正世は小柄でほっそりとしています。

その後、生徒の数も増え、近くにある愛香幼稚園の園舎を借りて授業を行

私を抱く網走市助役時代の
祖父・正

うようになります。半年ほどで生徒が四十名くらいになり、同年十一月一日、網走市初の公認各種学校の知事認可を得ています。

これが光塩学園の礎となる「南部服装研究所」のスタートです。

学校が出来た当初、祖父は教育者としての思いをいろいろアドバイスしています。「生活の基本を大切にしよう、人の心も器と同じでね、こわしてしまえばおしまいだ。こわさないようにしなければならない。和の心でね」というものでした。これは光塩学園の校風の基礎となっています。

札幌まつりで着物を着て
南部服装研究所の看板前に立つ
姉の正世（一九五二年）

# 第4章　光塩学園創立

## 札幌進出

学校を本格的にするのなら札幌に出た方がいいのでは、という考えが両親の間で芽生え、祖父の後押しもあり一九四九（昭和二十四）年の春に、現在、光塩学園本部のある場所に引っ越します。私たちも子ども心に覚えていますが、そこは戦時中には縫製工場があった二階建ての大きい建物で、工業用のミシンがあり、油のにおいがする家でした。

まだ札幌に区制が敷かれていなかったそのころの住所は、札幌市南大通西十四丁目。「大通」といっても家の前の道路は舗装がされておらず、車と馬車がいっしょに通る道で、ときおり車が通ると砂ぼこりが立っていました。

この年の六月一日に、ここで南部服装研究所を開校します。網走時代と同じく、父が生徒募集の立て看板を作って市内に置かせてもらいました。家の前には「南部服装研究所」の看板も立ち、願書を取りに来る人も増えました。そのころは食べるものも着るものも自分で作らなければならない時代でした。

ミシンが五台、長い机に三人掛けのイスが二十五脚、七十五人分の教室が出来上が

南部服装研究所の第一回卒業生たち（一九五〇年、札幌）

り、先生は母と叔母と網走時代の教え子の三人です。受講の申し込みは八十名くらいあり、明るい気持ちで入学式を迎えたのです。それは終戦から四年後のことでした。洋裁学校は午前、午後、夜間の三部授業でした。母は学校ではいつも校長先生らしく素敵な洋服を着て授業をしていました。自宅は学校につながっていたので、私は夜になると母が恋しくて教室をときどき覗きに行きました。

　母は家にいるときとは違う顔で、生徒さん方に囲まれてとてもきびきびと洋裁を教えていました。そんな母を見て、幼心に私たちのお母さんはえらい人なのだと思いました。年の近い私たちの洋服はいつも母の手作りで、お揃いの洋服を作ってくれました。赤いビロードのスカートとケープ、そしてベレー帽、袖にフリルがついたり、ウエストの部分に刺繍があるワンピースなどです。母は洋裁のコンクールなどにも作品をよく発表していました。「ツーピースの着物」や「ママコート」などです。

洋裁の授業風景

　「ツーピースの着物」は、洋裁に加えて和裁も学んだ母が簡単に着ることのできる着物として発表しました。着物を上着と巻きスカートに分け、その上から帯を締めるというスタイルです。
「ママコート」はねんねこを改良したもので、和服、洋服兼用のアイディアねんねこです。母のアルバムに張られた新聞の切り抜き（北海道新聞夕刊一九五五年三月十七日）を読むと「和洋兼用のねんねこで、厚めの化繊地の中に羊毛を入れ、さらに中にホックでとり外しのできる胴着をつけたものです。合着にするときは胴着をはずすとよく、また赤ちゃんが大きくなったときは、前のボタンをつけかえて七分コートにできます」とあります。寒地衣料コンクール特選作のコートです。

母手作りの
姉妹おそろいのワンピースで
（姉の正世と私・左）

母は当時盛んだったファッションショーにも次々と作品を発表し、注目を集めていました。ファッションショーのモデルさんは洋裁学校の生徒さんや先生方で、子ども服のモデルは私たちでした。

写真は　部あき子　このほど道、道教委、道・新生活運動推進委員会が共催で開いた寒地衣料コンクールで特選になったものです。

## 羊毛綿、犬の毛皮で

### 寒地衣料コンクール特選作

# ねんねこと作業衣

写真㊤は和　洋装用のねんねこで、厚目の化繊地の中に羊毛綿を入れ、さらに中にホックでとり外しのできる胴衣をつけたものです。合着にする時は胴着をはずすとよく、また赤ちゃんが大きくなった時は、前のボタンをつけかえて七分コートにできます。費用は表地二、〇〇〇円、胴衣一、〇〇〇円、羊毛綿七〇匁（出品者・札幌市・南

写真㊦は男子用作業オーバーで冬季戸外作業をする人のために作られたものです。

厚手相木綿の裏に胴はんなめしをした犬の皮二枚分をはりつけ間に羊毛綿百匁をはさんであります。そではチャックつきなので、腕を動かす作業の時はとり外すこともできます。

自分の家の犬皮を用いるとして布代、羊毛綿、付属品代には二、四〇〇円くらいみるとよいでしょう。（出品者・伊達町・高木サダ子）

母がデザインした
「アイデアねんねこ」の特選を伝える
一九五五年二月十七日の北海道新聞夕刊

## 料理のクラスもスタート

母は洋裁の授業を始めて少したったころ、料理も教えるようになりました。そのきっかけは、生徒さんのなかにミシンを独り占めする人や、先生をひとりで質問責めにする人が出てきたからです。料理を通してチームワークを学べるのではと母は考えたのです。もちろん料理を習いたいという生徒さんの声もあったのと、自分も料理が好きだったので是非教えたいと思ったそうです。

戦後日本の食料事情も少しずつ良くなり、一九五三（昭和二十八）年には電気冷蔵庫、五五年には電気がま、五七年にはトースターが発売されています。

一九五二年三月十日には北海道放送（ＨＢＣラジオ）が開局になり、母は毎朝十五分放送されていたラジオの料理番組に出演していました。北海道の材料を使った母の料理は人気が高く、看板番組となりました。母はまさしく料理番組講師の先駆者であったわけです。

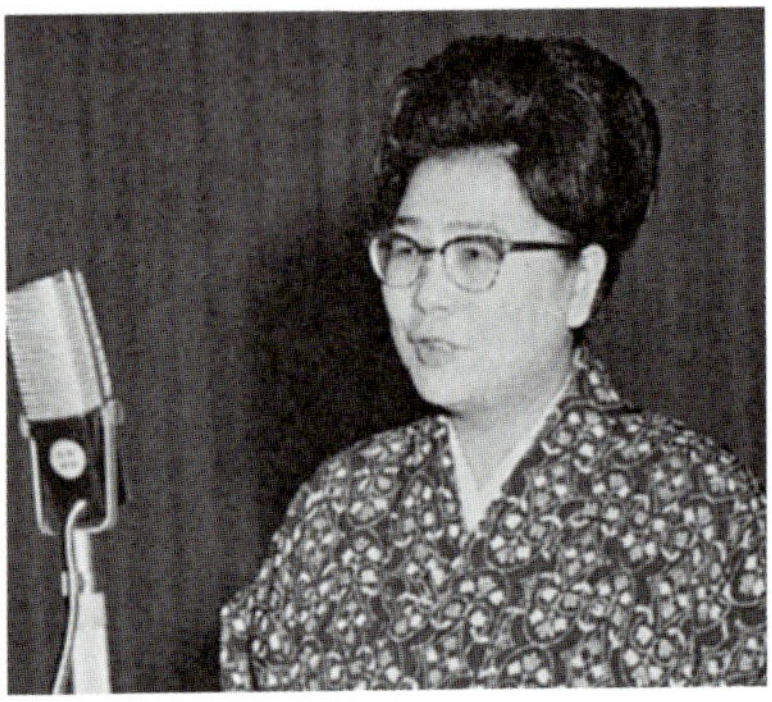
ＨＢＣラジオで料理番組を担当していたころの母

ラジオの録音がある日は、ときどき私たちをＨＢ

Ｃのスタジオ（現在の札幌市中央区南一条西三丁目にある大丸ビル四階）に連れて行ってくれました。小学校に入学する前後だと思いますが、母の手作りのお揃いで一番かわいい洋服を着て行ったことを覚えています。母の録音が終わると、放送局の建物の中にあるレストランでハンバーグとアイスクリームを食べさせてもらったことが思い出されます。

一九五六（昭和三十一）年にはＮＨＫテレビが、五七年にはＨＢＣテレビが始まりました。母はＨＢＣテレビのレギュラー講師として、毎週水曜日に出演していました。毎回二〜三品の料理を紹介する番組で、母は洋食、和食、中華といろいろな料理を作っていました。そのころの料理番組はほとんどが生番組で、リハーサル用の材料も含め、数回分の料理材料を持って放送局に通うのです。初めのころは我が家にはまだテレビがなく、お隣の家で母の料理番組を見せてもらいました。その当時はテレビがあるお宅の奥様たちがわざわざ近所に声をかけてくださり、テレビの前でメモを取りながら見ていました。

ＮＨＫテレビでも年に数回、「きょうの料理」の番組で北海道の郷土料理を紹介していました。石狩鍋やジンギス

テレビに出演中の母

カン鍋、ニシン漬けなどです。当時、ＮＨＫテレビでは洋食は帝国ホテルの村上信夫先生、中華は陳健民先生が担当していました。

## 光塩学園としての出発

一九五三（昭和二十八）年四月、校名を南部服装研究所から光塩学園家政専門学校と改め、洋裁、和裁に調理や一般教養を加え、新学期がスタートしました。光塩学園という校名は、母の母校の東京家政学院の同窓会の名前からいただきました。のちに姉の正世も東京家政学院大学に進学し、栄養士と管理栄養士の資格を取り、光塩学園で栄養学や調理学を教えるようになります。

このころになると調理の学生がどんどん増え、母は学校ばかりではなく北海道新聞や北海タイムス、毎日新聞な

道新料理教室で活躍する母（一九六一年十一月）

どの新聞社や、ミツカン酢やホクリョウなどの食品会社が主催する料理講習会にも講師としてよく招かれました。私たちが幼いころは、母は泊りがけの講習会は引き受けず、いつも日帰りでした。近くの小樽や余市での講習会には、私たちも連れて行ってもらいました。その当時の講習会の献立を見ると五～六人分になっており、二～三人分の現在とは家族構成が違うことが理解できます。簡単でおいしく、時間がかからず、そして安価なものが多くみられます。働きながら子どもを育て、そして家族においしいものを食べさせたいという母の思いに溢れています。

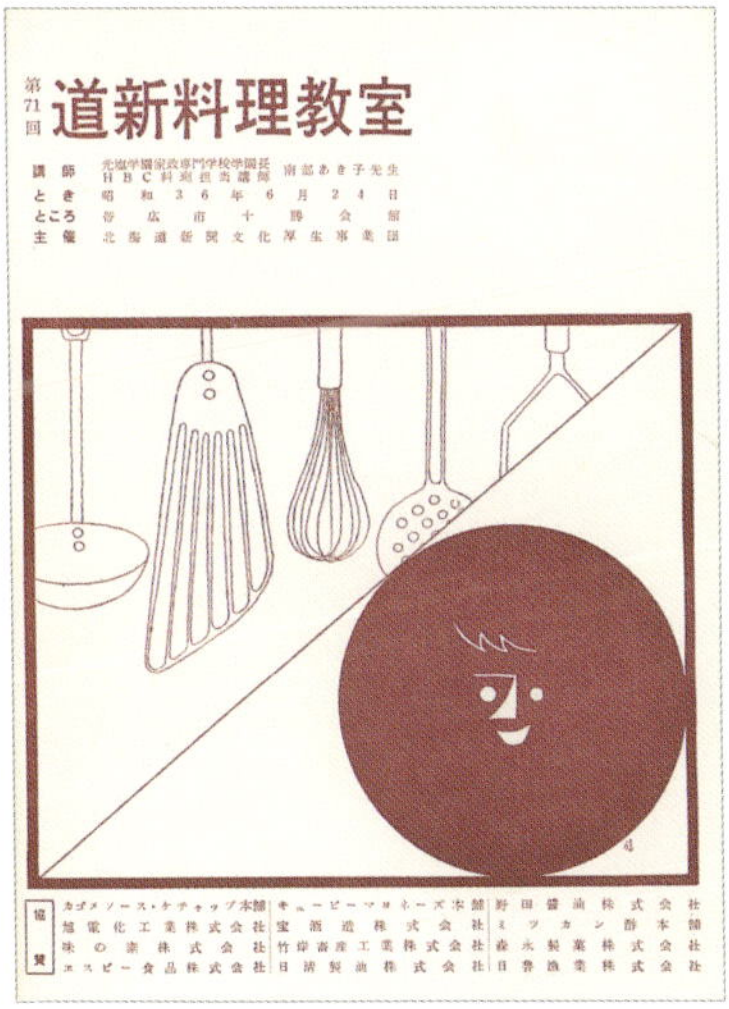


「第七十一回道新料理教室」のパンフレット

## 新しい料理の提案

ある農村での講習会のとき、一人のご婦人から「固いトリ肉をおいしく食べるのにはどうしたらよいか」という質問があったそうです。母はトリ肉にお酒をふって下味をつけ、そのころ出始めたアルミホイルで野菜と一緒に包み、網の上で焼く「トリの包み焼き」を紹介したそうです。その後、トリ肉の上にバターを乗せたり、キノコ類を加えたりといろいろ工夫していました。アルミホイルの中で蒸し焼きになると、肉はとても柔らかくおいしくなります。アルミホイルは一九五八（昭和三十三）年に「クッキングホイル」という名前で売り出され、台所の必需品となりました。

ホイル包み焼き

　アルミホイルを使ったものとして「カキの松前焼」や「タラのホイル焼き」など数々の料理を学校や講習会で紹介していました。カキの松前焼は、北海道新聞の読者から「簡単に作れておいしい」という感想が多数寄せられ、母がとても喜んでいた料理の一つです。

　二〇一八年九月に稚内で開かれた光塩学園宗谷支部の同窓会では、七十代の家政専門学校の卒業生たちから「園長先生から教えてもらったタラのホイル焼きは今でも家庭で作っています」という声を聞き、母への思いを新たにしたことでした。

# 第5章　学校法人化へ

## アイディア料理の数々

昭和二十年代後半から広くみなさんにも紹介し始めた「甘納豆入り炊き込み赤飯」は、どこの講習会でも大人気でした。うるち米ともち米を半々にして三十分間水につけ、食紅で色を着けて炊くお赤飯は、前日に豆を水にうるかす必要もなく、甘納豆を加えれば出来上がりで、おかまでも電気がまでも手軽にできます。母の講習会の翌日には、町や村のお菓子屋さんで甘納豆が売り切れたそうです。今では北海道独自の甘いお赤飯が日本中で有名になりました。

我が家では六月の札幌神社（現在の北海道神宮）のお祭りにはこの甘納豆入り炊き込み赤飯はもちろんのこと、お煮しめと焼いたマスをみりんじょうゆにつける「マスの浸け焼き」も、母が必ず作っていました。

でも、私たちが一番好きだったのは「マスの変わりソース焼き」でした。マスをムニエル風に焼き、熱いうちにタマネギとピーマンの入ったソースにつけた料理です。ソースにはウスターソースと白ワインが入ります。一晩置いて味のしみ込んだマスは、よくお弁当のおかずにもなりました。

私たちが幼いころ通学していたのは、大通西十一丁目にあった札幌市立大通小学校です。冬になるとスキー遠足があり、西十一丁目から円山までスキーを担いで雪のなかを歩いて行きました。スキー遠足の朝、母は必ず「おいしいものを作っておくからね」と私たちを送り出してくれました。夕方、家に帰ると居間のストーブの上には大きなお鍋がのっていました。私たちの好物の「酪農鍋」です。

酪農鍋は北海道のおいしいじゃがいも、キャベツ、タマネギにベーコンとプロセスチーズを積み重ねて、弱火でゆっくりと煮る鍋料理です。水を一滴も入れず、野菜から出る水分と最後に入れる少量の牛乳で作り、パンにもごはんにも合う料理です。忙しい母が考えたアイディア料理の一つです。大人にはそのままで、子どもにはトマトケチャップやリンゴの薄切りを入れてくれました。

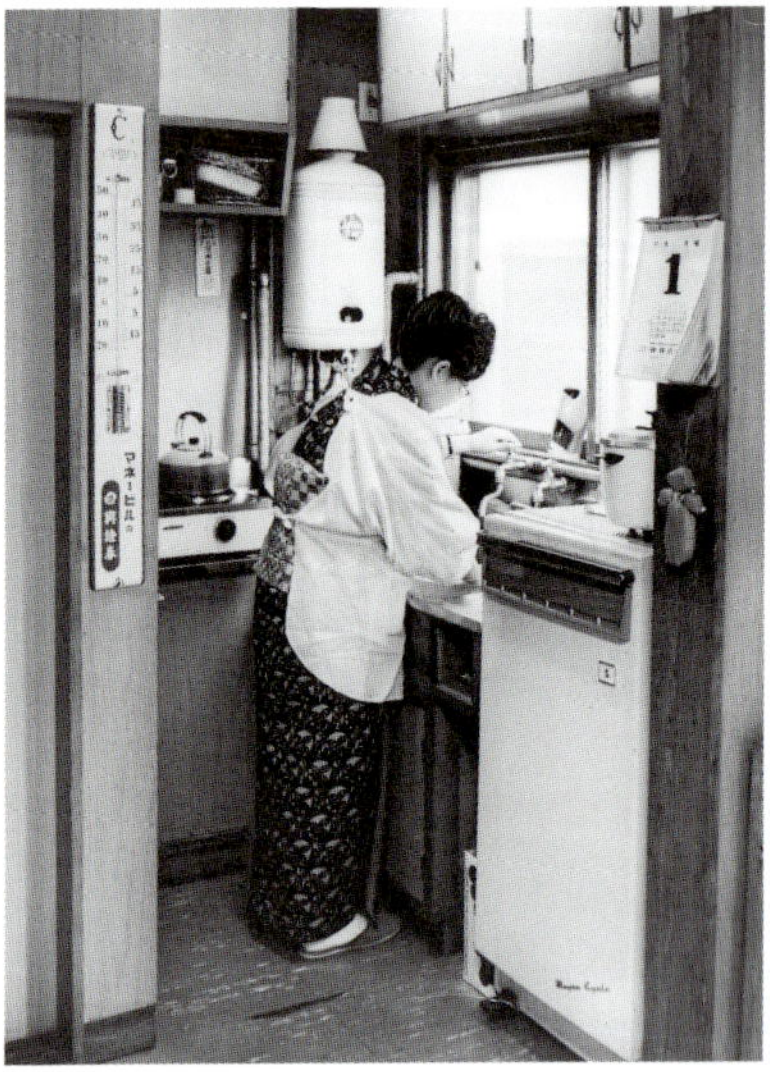

忙しい中、自宅の台所に立つ母の後ろ姿

このころの冬の思い出に日曜日の煙突掃除があります。父が学校中のストーブを掃除し、煙突をはずし、すすを払います。私たちは掃除の前に床に新聞紙を敷き、教室がすすで汚れないようにしました。

そんな日の夕食は母の手作りの本格的な洋食でした。トンカツやポークチャップに粉ふきいもとキャベツのせん切り、お皿に盛られたご飯を家族全員、ナイフとフォークを使って食べました。まさしくテーブル・マナーの勉強です。年に一、二回、特別な日には、「コックドール」や「スコット」などの洋食レストランにも連れて行ってもらいました。

私たちが食べ盛りのころ、夏にはジンギスカン鍋もよく我が家の庭で行いました。その当時の羊肉は今の肉より臭みが強く、肉の臭みを消すためにつけ汁を各家庭でいろいろ工夫していました。母はリンゴやナシをすりおろしたものや、ニンニクやショウガを加えていました。

ジンギスカンが北海道で食べられるようになったのは、一九一八（大正七）年に滝川と札幌の月寒にめん羊牧場ができ、羊の飼育がはじまり、毛を取った後の羊の肉を食べるようになったのがはじまりとか。しかしその当時は羊の肉の臭みが嫌われ、あまり人気はありませんでした。本格的に食べられるようになったのは戦後、数年たってからです。その後、一九六五（昭和四十）年ごろには国産の羊肉の供給が間に合わず、ニュージーランドやオーストラリアから輸入されるようになりました。今では札幌ビール園やアサヒビール園のジンギスカン、滝川や長沼、札幌・盤渓のジンギスカンなどが有名で、観光客にも大変人気があります。

## 栄養士課程の設置

日本の経済成長とともに日本人の食生活も大きく変わります。昭和三十年代になると、今まで食べていた魚介類や大豆製品、野菜類に加えて肉類や乳製品、卵類の消費が増えて、動物性脂肪や動物性たんぱく質、鉄分、ビタミン、カルシウムなどが補われ、国民の栄養状態が改善されました。

調理コースの学生が増えるにつれ、母は今、時代が求めている栄養士の資格をなんとか卒業生に与えたいと考えるようになります。母校の東京家政学院の短大に出向き指導を受け、当時の栄養士養成の窓口であった道庁保健予防課の方々に教えていただきながら、祖父や父の協力のもと、一九五八（昭和三十三）年四月に光塩学園家政専門学校栄養科の認可を受けました。定員は二十名ながら、国家資格を授与できる栄養士養成施設です。

光塩学園の看板を背に
（中央が母、前列右の子どもが姉の正世、左がしず子）

その前年の五七年に校舎を改築したとき、網走の祖父からは「理化学実験室の機械器具に万全を期すように」と恩給の十年分の金額を送ってきたそうです。母は当時を振り返り、涙が出るほど嬉しかったと話していました。光塩学園に教育の夢をかけていた祖父の思いが、今でも伝わってきます。

五九年には栄養士の定員増をめざし、校舎を鉄筋コンクリート四階建てに改築、六〇年には栄養士定員が七十名に増加しました。定員が増えたことにより、道内各地、遠くは稚内、網走、釧路、函館からも学生が入学してきました。母は新聞の料理記事執筆、ラジオやテレビへ出演、そして料理講習会の講師と大変な忙しさのなかでも、学校では栄養科の学生に調理実習を教えていました。家政専門学校時代の卒業生たちは、園長先生の料理はおいしくて栄養があり簡単なので、調理実習が楽しかったと、同窓会で会うたび話してくれます。ただし、楽しすぎておしゃべりをしていると「口は動かさないで手を動かすように」と注意されたそうです。

一九五八（昭和三十三）年にインスタントラーメ

右から母、正世（小四）、しず子（小三）

ンが発売されると、全国の家庭に大変な勢いで普及しました。即席カレールーも六二年に発売となり、その手軽さのおかげでカレーライスがますます一般家庭で食べられるようになりました。昭和三十年代から四十年代にかけては、インスタント食品、冷凍食品が発売され、野菜のハウス栽培がはじまり、日本人の食生活が大きく変化した時期でした。

　母は学校と外部の仕事、そして家庭の主婦と、一人で何役もこなしていました。けれども私たちに対してはおおらかで、「勉強しなさい」と言ったことは一度もありませんでした。高校生のころ、姉は放送クラブ、私は美術クラブに入ってクラブ活動にも一生懸命でした。ときどき試験勉強で夜遅くなると、消化が良くて体が温まる鍋焼きうどんや小田巻蒸し（うどんが入った大き目の茶わん蒸し）、卵入りインスタントラーメンなどを作ってくれました。

　母はＨＢＣラジオに出演するようになって間もなく、北海道新聞にも料理記事をよく書いていましたが、原稿にする前に必ず料理の試作をしていました。調理実習の先生や助手さんたちとたくさんの料理を実験します。「今日は実験の日」というと私たちはとても嬉しかったものです。試作が終わった後、先生方と一緒に試食させてもらえたからです。

　新聞の読者からレシピを本にまとめてほしいという声もあり、母は一九六四（昭和三十九）年に医歯薬出版株式会社から『お料理のヒント・北海道の味』という本を出版しました。北海道の四季折々の材料を使って作る毎日のお惣菜を中心に、母がそれまで新聞、ラジオやテレビで紹介してきたものをまとめたものです。この本は非常に売れ行きがよかったそうで、翌六五年にはすぐに再版されています。

　昭和三十年代も終わりに近づくと日本は高度経済成長期にさしかかり、短大、大学への進学率が上昇してきます。父と母は栄養士の国家資格が与えられる学校を学校法人にしたいと思い、一九六二（昭和三十七）年に私財を寄付して、各種学校だった光塩学園を学校法人にしました。縁の下でいつも学校を支えていた父が、このとき、光塩学園の理事長になりました。

# 第6章　短大開学と国際交流

## はじめての海外視察

一九六五（昭和四十）年七月に、母はスウェーデンのストックホルムで開催された第四回国際栄養士学会の出席と欧米諸国の視察を兼ねて、初めて海外に行きました。北海道と気候が似ているストックホルムやデンマークのコペンハーゲンで、老人ホームや保育所、幼稚園などを訪問し、そこで活躍している栄養士の人々に会い、栄養士の仕事の重要性を痛感し、北欧の文化の重みにひきつけられたと語っていました。このころ栄養科の卒業生はほとんどが生活改良普及員や学校給食、病院などの現場の栄養士として活躍しており、卒業生のなかから「栄養士課程をもつ短大をつくってほしい」という声が聞かれるようになっていました。北欧の、白やレンガ色が美しく調和している建物に、母は未来の短大校舎を重ねていました。

母が帰国してすぐ私たちに作ってくれたのは、ストックホルムで昼食に食べた「タラのグラタン」でした。北欧の市場でも北海道の海産物と同じサケやタラ、エビなどが豊富で、じゃがいもを組み合わせたグラタンは子どもたちが喜ぶとすぐに思ったそうです。

この視察のなかで、母は日本と違う世界の文化や教育制度、食生活にふれ、その後の光塩学園の世界に目を向けた教育方針を固めたのではないかと思います。

母は帰国後、ホタテやタラ、サケなどとじゃがいもを組み合わせたグラタンを学生たちにも教え、大変喜ばれました。生ニシンを軽く酢でしめ、ヨーグルトソースでいただくスウェーデンのニシンのサラダは、北海道で食される塩ニシンや糠ニシンを使い、塩出しをしてから薄切りにし、酢につけて作りました。一九六八（昭和四十三）年には、前著に続いて北欧で得た成果を『お料理のヒント・続北海道の味』（財団法人口腔保健協会）にまとめました。

私たちは母が訪れた世界のいろいろな国々の話を聞き、いつか自分たちも海外で勉強したいと思うようになりました。

ストックホルムにて（左が母）

# 真駒内に短大を開学

一九六六（昭和四十一年）年、私は高校三年の受験生でした。母はそのころ、真駒内に短期大学を開学するために、札幌と東京を行き来して申請を進めていました。私たちは幼いころから母の忙しさを傍らで見ていましたが、開学前の二、三年は、校地の購入や建築、申請事務など、父も母も本当に目の回るような忙しさでした。私は疲れた母の肩をよく揉んであげました。そんなときはフッと母は母親の顔になり、私の学校のことや勉強の様子などを聞いてくれました。

同年春には家政専門学校に三年制の夜間部の保育科をつくりましたが、これもじきに開学する短大に栄養科とともに保育科も設置するという構想があったからでした。このころは働く母親が増えて保育園や保母（保育士）の不足が社会問題となっていました。

そして翌一九六七（昭和四十二）年四月、ついに念願叶って光塩学園女子短期大学が開学し、食物栄養科

短期大学校舎（開学記念式典の日　一九六七年十一月三日）

と保育科の両科がスタートしました。

光塩学園女子短期大学の入学式は四月十八日で、私の進学する大学の入学式と同じ日でした。母は私の入学式に出られないことをとてもすまなく思ったようです。母の代わりに姉の正世が出席してくれたのですが、私よりも小柄な姉は新入生と間違えられて、私と一緒に並んで入学式に参列していました。

短大が開学した当時、母は四十八歳。新聞などで「日本で一番若い女性の学長誕生」と取り上げられました。

休む間もなく翌六八年には保育科の実習園として附属幼稚園を開園します。母は家政専門学校の校長、短大の学長、そして附属幼稚園園長も兼ねる一人三役の奮闘ぶりでした。

短大では開学当初から、学生たちの健康づくりのために短大としては珍しい全学給食制を取り入れました。学生たちも教職員も一緒に食堂でいただくのです。母は必ず検食をし、味や盛り付けについて給食担当の先生方にアドバイスをしました。学生に人気だったのは「トリ肉と野菜のホワイトシチュー」や「三色どんぶり」などです。幼稚園の子どもたちも週に四回は栄養バランスの摂れた給食を食べ、週一回はお母さんの愛情がたくさん詰まったお弁当です。

子どもたちに人気のメニューに「トウモロコシごはん」があります。昔、お米が貴重だったころによく作った、トウモロコシを混ぜて炊いたご飯に、母は栄養や色合いを考えエビやベーコンを加えました。このご飯は今でも子どもたちに人気があります。

短大を開学し学長になった後も、母は一年に数回、調理学を学生たちに教えていました。それは北海道の郷土料理とおせち料理です。郷土料理には石狩鍋や魚介類の松前焼、カニの甲羅揚げなどがあります。光塩学園のおせち料理で一番に挙げられるのは北海雑煮です。焼いた餅とサケ、タラ、ホッキ、エビと野菜を入れ、海の幸がたっぷり入った北海道独特のお雑煮です。甘納豆と栗の甘煮で作る即席栗きんとんも簡単でおいしく、学生たちには大人気でした。

学生に指導する母（一九八九年十一月）

## 男女共学の専門学校

短大開学に伴い、それまでの専門学校の栄養科と保育科は真駒内に移りました。その後の大通校舎を有効に役立てたいという母の発案で、一九六九（昭和四十四）年に、光塩学園では初めての男女共学の調理師養成科が誕生しました。生徒の年齢は十五歳から五十歳くらいと幅広く、大家族が一つの目的のために勉強しているような家族的な雰囲気の学校でした。はじめは一年制の昼間部だけでしたが、三年後の七二年からは働きながら学べる夜間部もつくりました。洋食や中華の講師の先生は市内のホテルの調理長さんが多く、和食やおすしは専門店の店主の方々でした。ときには試食会として、講師の先生がたの職場で試食を兼ねた実践的な勉強が行われました。これは母が家政学院時代に経験したように、本物の味を勉強させたいという思いから実施されたのです。

一九七二（昭和四十七）年は札幌で冬季オリンピックが開催され、大勢の外国人選手や観光客が札幌を訪れ、調理業界でも国際化が一段と進んだ時期でした。選手村では市内のホテルのコックさんたちがいろいろな国々の料理を作り、選手たちに提供しました。

　姉と私はこのころ、フランスに留学をしていました。姉はパリにあるコルドンブルーでフランス料理とお菓子を学び、私はパリ大学でフランス語とフランス近代美術

男女共学になった専門学校調理師養成科昼間部
十三期生の調理実習

史を勉強しました。私たちが大学卒業後、海外で勉強をしたいと思ったのは、何と言っても母の影響です。「フランスに二人で留学したい」と両親に話したとき、母はたった一言「行っておいで。でも自分のことは自分で責任を持ちなさい」と言いました。父は猛反対でしたが、私たちがフランスに向けて船で出発するときには横浜港まで見送りに来てくれました。帰国後、姉は短大と専門学校でフランス料理とお菓子を教え、私はフランス語を教えました。

## 国際交流

私は帰国後もときどきフランスに勉強に行っていました。そのころパリ郊外にある国立調理専門学校、シャトー・デ・クードレィ校で研修する機会があり、研修期間中に光塩学園にフランス料理の先生の派遣をお願いしたところ、来校が決まりました。日本では本格的なフランス料理が浸透し、東京などではフランスの有名レストランのシェフたちがデモンストレーションや賞味会を行っていました。一九八一（昭和五十六）年にクードレィ校から初めて光塩学園にフランス料理とお菓子の先生が来校したとき、学生たちは初めて見るフランス料理の美しさやおいしさに感激していました。午前、午後、夜と一日三回授業があり、通訳はもちろん姉と私の二人です。最終日には二人とも声がかすれていました。

あるとき、フランスの先生方から北海道の材料を使ったフランス料理を教えたいという話があり、母に相談したところ、ホタテとアスパラがよいのではということで、さっそく先生方を連れて市場に行きました。フランスの先生方は、北海道のホタテもアスパラもあまりにも大きく立派なので驚いていました。

習ったのは、ホタテのまわりにベーコンを巻いて焼き、生クリームが入ったソースを添える料理です。母はそのとき「私も同じような料理を教えていたけれど、ソースではなくレモンを添えていた」と言っていました。

クードレィ校教授陣によるフランス料理の特別授業。左から私、母、ジョリボワ先生、ボロンダ校長（一九八二年七月）

母はこの本場のフランス料理を光塩の学生たちばかりではなく、札幌市民にも勉強してもらいたいと考え、フランス料理の無料講習会を学校で開き、大変喜ばれました。テレビや新聞にもこの様子は大きく取り上げられました。はじめは私たちのフランス留学に反対していた父も、そのことはすっかり忘れてこの国際交流を大変喜んでくれました。この交流は二〇一九年で三十九年目を迎えました。

一九七九（昭和五十四）年から、光塩学園は国際教育に力を入れるため海外研修旅行を実施しています。これは若い学生が海外の文化に触れ国際社会を理解することが目的ですが、その根底には「一九六五年のはじめての海外視察がどんなにそれからの学校づくりに役立ったことか」という母の思いがあります。

二年後の八一年からはクードレィ校での研修も加えられるようになり、八五年には一連の交流がフランス文部省から正式に承認されました。今は交換留学制度もあり両国の学生たちが留学をしています。このように提携の輪は確実に広がり、続けられています。

## 母の死

フランスとの交流を大変喜んでくれた父は、一九八九年に亡くなりました。母は父の告別式で「夫、南部高治と二人で創った光塩学園に私の残りの人生を捧げます」というあいさつをしました。いつも後ろから母を支えていた父は、母にとって本当にかけがえのない存在であったのです。

父亡き後も母は父と二人で進めてきた「快適な教育環境の整備を」という方針を継

続し、次々と学園の校舎の改築や新築を続けます。

一九九三年には短大二号館と附属幼稚園の改築をし、この落成を伝える「光塩だより」第四号に「この改築は、学園の基礎づくりのあとは快適な教育環境の整備をと、今は亡き南部高治理事長と私がこの十数年進めてきたプログラムの一環でした。新装なった新館の前庭に、学園関係者のご厚意で据えられた前理事長と私の像を目にしながら、この日を迎えることなく平成元年の九月に逝ってしまった人への思いも新たなものがあります」とあり、この日を父と一緒に迎えたかったという思いが伝わってきます。

母は悲しみと多忙のなかでも一九八九年十月には『北の食卓　保存食ノート』、翌九〇年には『北の食卓　四季のおかず』、九一年には『絵で見る料理入門』（いずれも北海道新聞社刊）と、次々と料理の本を出版します。私たちもそれらの本作りのため、昔、母が行っていた料理の実験を、調理の先生方と一緒に手伝いました。もちろん味見は母の役割でした。九三年に発刊された『北の食卓』（北海道新聞社）では自分のルーツにもふれ、いままで研究をしてきた本州と北海道の類似料理や北海道食物史についても発表しています。

元気なころの父母（一九七九年一月）

この翌年、一九九四年六月五日、母は急性心筋梗塞のため死去しました。東京出張から帰って二日後のことでした。
同月七日の北海道新聞朝刊に、「『北の食卓』につきぬ情熱、南部明子さんを悼む」という追悼記事が載っています。母の古くからの友人である元北海道新聞生活部長の佐藤朝子さんの文章です。

――南部明子さんは、主婦の座からスタートして一代で短大をつくりあげた個性的な教育者だった。……「これからは栄養福祉ともいうべき分野を研究してみたい」というのが先日耳にした言葉だった。女性の平均寿命が八十三歳といわれている中で「やりたいことがまだ山ほどある」ひとの七十三歳の死だった。――

あまりに突然の母の死でした。私たちにもあと十年がんばってまだまだ仕事をしたいと話していた矢先でした。

## これから

私たちが料理をするとき、いつもそばにあるのは母が書いた料理の本です。何十年たっても新鮮でおいしさに溢れている料理がいっぱいあり、手軽に作れます。

今、光塩学園も時代とともに変わってきています。専門学校は一九九九年から調理ばかりではなく、製菓も学べるようになりました。大通の校舎は九八年に改築され、二〇〇〇年には西館が新築されました。三階の学生食堂では日替わりのメニューで昼食が学生、教職員に提供されています。二〇一二年には東館が完成し、チョコレートを勉強できるチョコラ工房ができ、一階のショップでチョコレートや食肉加工品が販売されています。

二〇〇六年には短大が改築され、地上三階（一部八階）、地下一階の校舎に生まれ変わっています。新校舎にはコンピューターが組み込まれた栄養指導実習室があり、造形室ではこどもの造形や教育実習のためのパネル作りなどを学びます。

学生玄関の前には創設者二人の銅像が変わらず学生たちを見守っています。

附属幼稚園は二〇一八年から幼稚園と保育所を合わせたこども園になり、ゼロ歳から五歳のこどもたちが通園しています。

光塩学園は三校とも給食があり、時代とともに料理は変わってきていますが、人気メニューは変わらず母が考案したものが多いのです。入学式の翌日や北海道神宮のお祭りのころは必ず甘納豆入り炊き込み赤飯が給食で出ます。北の食卓を研究してきた母の思いをいつまでも引き継いで行きたいと思う私たちです。

レシピ原著者
南部あき子
調理担当
光塩学園 調理学研究室

ブックデザイン・DTP
江畑菜恵（es-design）
料理撮影
阿部雅人（studioTHIRD）
スタイリング
菅原美枝（studioTHIRD）

**懐かしいけど新しい**
**南部あき子のアイディア料理**

2019年3月13日　初版第1刷発行

著者
鴫原《しぎはら》正世《まさよ》
南部《なんぶ》ユンクィアンしず子《こ》
発行者
鶴井　亨
発行所
北海道新聞社
〒060-8711 札幌市中央区大通西3丁目6
出版センター
（編集）TEL 011-210-5742
（営業）TEL 011-210-5744
印刷・製本
株式会社アイワード

落丁・乱丁本は出版センター（営業）にご連絡下さい。
お取り換えいたします。
ISBN978-4-89453-939-6

**鴫原正世**（写真左）
1946年、北海道網走市生まれ。光塩学園女子短期大学学長。
東京家政学院大学卒業後、渡仏しル・コルドンブルー パリ校の料理・製菓コース修了。郡山女子大学大学院修士課程修了。光塩学園女子短期大学教授を経て2001年より現職。家政学修士、管理栄養士、調理師。
共著に『北国の料理学』『ライフステージの栄養学実習』『南部あき子のお料理のヒント　リメイク版』（いずれもドメス出版）。監修本に『料理入門BOOK』『料理の基本ABC』（共に北海道新聞社）。

**南部ユンクィアンしず子**
1948年、北海道網走市生まれ。学校法人光塩学園理事長、光塩学園調理製菓専門学校校長。
和光大学文学部芸術学科卒業、パリ大学ソルボンヌ校フランス文明講座修了。1973年より光塩学園勤務を経て1998年より現職。
著書に『南部しず子の漬物200選』（北海道新聞社）。共著に『ジャックおじさんの料理日記』（北海道新聞社）、『Monsieurジャックの楽しいフランス語』『北国の調理学』（共にN・T・A教育文化基金）、『ジャックおじさんの洞爺湖日記』『南部あき子のお料理のヒント　リメイク版』（共にドメス出版）。